房地产行业培训

地产精英培训系列

售罄③

售楼冠军短视频营销全攻略

邓小华　林永青◎著

白金升级版

中国经济出版社
CHINA ECONOMIC PUBLISHING HOUSE
·北京·

图书在版编目（CIP）数据

售罄 .3，售楼冠军短视频营销全攻略 / 邓小华，林永青著 . --北京：中国经济出版社，2023. 1

ISBN 978-7-5136-7191-0

Ⅰ. ①售… Ⅱ. ①邓… ②林… Ⅲ. ①房地产-销售-技术培训-教材 Ⅳ. ①F293. 35

中国版本图书馆 CIP 数据核字（2022）第 241591 号

责任编辑　葛　晶
责任印制　马小宾
封面设计　任燕飞装帧设计工作室

出版发行　中国经济出版社
印 刷 者　北京柏力行彩印有限公司
经 销 者　各地新华书店
开　　本　710mm×1000mm　1/16
印　　张　12. 5
插　　页　0. 25
字　　数　140 千字
版　　次　2023 年 1 月第 1 版
印　　次　2023 年 1 月第 1 次
定　　价　68. 00 元
广告经营许可证　京西工商广字第 8179 号

中国经济出版社　**网址** www. economyph. com **社址** 北京市东城区安定门外大街 58 号 **邮编** 100011
本版图书如存在印装质量问题，请与本社销售中心联系调换（联系电话：010-57512564）

再版序　源于成交，高于成交

你是否有过这样的困惑：为什么跟进了这个客户好几个月，带看了数十套房子，他却迟迟不肯下定？为什么跟自己关系不错，维护得特别好的客户，一夜之间却在其他公司成交了？为什么好不容易帮客户把房价谈下来了，客户却说“再考虑考虑”？其实，人的购买行为都是由心理决定的，所以在房屋销售中了解客户心理比什么都重要。

销售行业有一句名言：“一名成功的推销员一定是一个优秀的心理学家。”在房屋销售工作中，从开发客户到了解需求，从推介房屋到跟进带看，从谈价斡旋到促单成交，房地产经纪人需要跟买卖双方进行心理上的交战。从这个角度来看，我们必须了解买卖双方的心理，运用适当的技巧，才能引领客户做出符合预期，甚至超越预期的决策，以便更好地达成房屋销售的目的。因此，读懂买卖双方心理，掌握相关技巧，是优秀的房地产经纪人的必备技能。

我看过很多讲房地产销售技能技巧的书，发现大多是关于房地产销售理论及基础技能的，真正从实战角度出发，分析客户买楼需求，讲解高效带看成交技能技巧的鲜有所闻。因此，当“售罄”系列图书出版后，立即受到了房地产销售人员的热捧，也切实帮助众多房地产经纪人提升了业绩。历经十年，“售罄”系列图书已经成为房地产销售人员成长必备教材。

转眼间，“售罄”系列图书出版十年了。十年间，房地产行业格局及市场都发生了很大变化，购房者的主流需求在不断转变，开发客户及带看成交的渠道和方法也在更新。为了让房地产销售人员更好地把握各项变化，及时完善成交方法，更加快速地成交客户，我们对“售罄”系列图书的内容进行了升级。这次内容升级融合了我这十年的运用心得和广大读者、学员的反馈，以及数百位行业销冠的经验总结，同时，将房地产行业政策与技术的变化融入其中。

销售的目的就是成交，不成交的销售等于零。再版后的“售罄”系列图书，内容更偏向实战，对成交有更加直接的指导，而且将新技术、新媒体的运用加入进来，使得房地产销售方法、技巧的运用更符合时代趋势。

愿天下从此没有难卖的房产！

邓小华

2022 年 10 月 8 日

自序1　售楼冠军如何让新媒体成为开单战斗机

这是新的一天。6 点一起床，我就通过微信给客户发了一张海报，作为日常问候，海报的背景是小区环境，主角是我自己——我精心挑选的一张职业照，并配上了“这里是××小区，早上空气清新，愿您事事顺心”的文字。以往发日常问候，收到的回复通常都是一个表情或是一句“谢谢”，今天有人回复：“想了解一下小区环境，在父亲节当天带爸爸来看房。”我立刻从床上跳起来，给对方发了之前精心准备的小区短视频，并再次进行了一番讲解。

这是新的一天。上班路上，我打开微信刷朋友圈，看到潘先生昨晚发了他们领结婚证的照片，我主动点赞并评论。潘先生回复：“准备买套婚房，计划年底摆酒席，想了解一下哪个小区比较合适。”于是，我发了一套两房和一套三房的房源给他，我们之间的聊天就此开始。

这是新的一天。回到门店，我在视频号上发布了一条标题为“女性婚前如何买房”的短视频。开完早会，我查看了短视频，已有几百播放量，并有粉丝在评论区留言进行咨询，我立即回复，并初步给她推荐了三套符合需求的房源。

这是新的一天。我昨天约了客户今天 10 点看房，9 点左右，我再次分享了见面的地理位置给她。在等待客户的过程中，有客户看到我在朋友圈发布的房源信息向我咨询，于是我发了一个房源短视频给他。

这是新的一天。我利用午饭时间，连发了两条有关房源的朋友圈，一条是纯文字的，另一条是通过视频号分享的。同时，我把昨天的朋友圈内容整理了一下，仅保留了 2 条内容，并给 300 个粉丝的朋友圈点赞或评论，让我的粉丝每天都能想起我，了解我推广的房源。

这是新的一天。下午 3 点，李大哥要带父母和妻子一起来复看，我提前通过微信给李大哥发了一条好消息，告诉他我跟业主争取到的利益，并把下定后的买房流程及需要准备的详细资料整理成文档发给了他。同时，根据李大哥给我发的定位，我开了公司最好的车到指定地点接上他们一家一起去看房。在整个看房过程中，大家都喜笑颜开，相谈甚欢，最后当场下定。

这是新的一天。晚上下班前，我把明天要带看的客户微信做了星标，并把天气情况、行程路线等用文字、图片或者视频的形式发给了客户。同时，把今天拍的图片及视频素材整理制作成了短视频，发了朋友圈和视频号，持续开发客户，让手机成为房地产销售的战斗机。

这是新的一天。下班路上，我在楼下便利店买了一些饮料，并加了老板微信。路过广场的时候，看到一群美妈在录跳舞视频，我便走过去，询问她们有没有把自己的舞蹈发到视频号上，得到肯定的答案后，我们互相关注了对方的视频号，我告诉她们我会经常看她们的视频号，并给她们点赞，美妈们很开心。同时，我们也互相加了微信，我通过私信告诉她们："我今晚9点直播。"

这是新的一天。回到家里，我花了2个小时做了一场卖房直播，从下播到睡觉这个时段，我回顾了一天的房地产销售工作，总结、分析数据，并通过"售馨地产研究院""售馨地产大讲堂"公众平台学习房地产销售方法和技巧，提升能力，期待明天能更多地开单。

每一天，用短视频获取流量推广房源；每一天，通过直播卖房，让更多客户找到我、了解我，并愿意找我买房；每一天，用微信开发房客源、跟进约看、维护客户。新媒体营销让我的房地产销售工作效率更高，开单机会更多。短视频播放量从500暴增至500万，直播间人数从1暴增至10000+，微信粉丝数从1暴增至20000+，直至从1个租单变成N个售单，新媒体让我们把门店开到了客户的手机里，让手机变成了签单战斗机。

那么，如何用新媒体倍增客户量；如何通过短视频实现获客变现；如何通过直播卖房从"云带看"到线下成交；如何通过微信邀约客户看房，用朋友圈高效吸盘吸客……本书将全面揭晓以上问题。希望每个房地产销售人员通过对本书的学习，快速、精准、有效地开展房地产营销推广，提升业绩，提高收入，进而实现理想的人生目标；也期待每个房地产中介公司都能通过新媒体建立强大的获客变现系统，提升竞争力，提高市场占有率，进而做强做大公司。

本书能够顺利出版，要特别感谢邓小华老师的指导和广东扫房网络科技有限公司王黛红董事长的鼎力支持，还有林惠玲、龙雁冰、梁伟荣、张文艳、颜巍哲、揭晓燕、缪锡丽、车云扬、潘嫚浓、罗武、陈忠文、陈志强、林美英、古静华、蔡林作、张润超、潘光柳、张晓豪、王志斌、许传鹏、戚俊达、黎清富、陈叶华、廖子豪、林静玲、周灿明、梁伟炎、张瑜、田源平、肖亨等的协作，在此一并向大家表示衷心感谢！

林永青

2022年9月于广州

自序2　从售楼精英中来，到售楼精英中去

成为房地产销售人员很容易，但要成为售楼精英却不是一件容易的事，特别是在竞争激烈、变幻莫测，充满不确定性的房地产市场中，要想脱颖而出，需要不断地提升自我。

在我十年的房地产销售、研究及管理工作中，屡屡有把这些精英们创造售楼竞争优势的不二法门总结出来的冲动，打破门户之见而放之于四海，让更多的人少走弯路，直线成功。我想光凭一己之见不免有些局限性，所以历时一年多，深入走访广深两地20余位地产销售冠军，终于得以脱稿。

在实践中，我也有意将成功的模式进行有针对性的复制，并加强了对下属及学员们学习后的实际效果的监测。让我欣慰的是，这些提炼出来的售楼技巧的确帮助不少人成为售楼精英，我确信也一定能够帮助到你。

在我们的售楼生涯中，懂得一招半式的销售技巧很容易，但要真正掌握一套系统的售楼“必杀技”却非易事。许多人终其一生也未必能领悟成功售楼的真谛。

这是一本非常实用的工具书，讲授了一套系统的售楼技巧，内容涵盖售楼人员在销售过程中遇到的各类情况及其应对技巧。书中

许多具有创意的售楼方法都是售楼精英们的智慧结晶，让你在最短时间内吸收近百位售楼精英的“毕生功力”，从而迅速迈向售楼巅峰。

写本书不是目的，通过本书写出售楼过程的众多规律才是目的；读本书不是目的，通过本书领悟售楼精英的售楼真谛才是目的。书中列举的应对技巧都是可以举一反三的，需要你反复学习、思考、运用，并时刻抱有“读万卷书，行万里路”的实践精神，超越对售楼技巧的简单克隆。

此外，无论在读前还是读后，你都不要抱着“我都懂”的危险心态，那会令你故步自封，无法接受新的观念和想法，让你停滞不前，无法站稳脚跟，直到被淘汰。

邓小华

2012年10月20日于广州

全国房地产经纪领袖联袂力荐

（排名不分先后）

邓小华老师的《售罄1》和《售罄2》一经推出，便在市场上引起了强烈反响，畅销十年，成为数十万地产精英鼎力推荐的行业宝典。我有幸拜读了这两部作品，受益良多。这次邓小华老师联手林永青老师，紧跟新媒体时代的步伐，隆重推出《售罄3：售楼冠军短视频营销全攻略》，以短视频为切入点，将房地产销售这一传统行业从线下搬到线上，从短视频的账号设置到直播在线卖房，从微信客户开发到线上成交，将新媒体与传统的房地产销售由浅入深地紧密结合，无论是经验老道的业内专家，还是新入职场的小白，都能够从中有所收获。随着《售罄3：售楼冠军短视频营销全攻略》的推出，售罄系列完成了房地产销售线上线下的全面覆盖，必将帮助更多的从业者成长。

——远行嘉业　王洪涛

在日新月异的移动互联网时代，“短视频+直播+微信”已成为房地产公司线上获客、经营私域流量提升业绩的三板斧。房地产公司如何借助新媒体弯道超车，本书从内容创作、引流推广，到流量变现，都给出了操作性极强的方案，是一本地产人不可多得的短视频与直播学习用书，值得每个从业者人手一本。

——优居集团董事长　李柏晓

“短视频+直播”现在及未来一段时期内都是房地产销售的主流趋势，也会是房地产公司发展的新赛道，其流量变现的效果已被行业实践证明。作为短视频与直播卖房的重中之重，内容制作、吸粉、推广、变现等都在本书中做了系统解答，为房地产从业者提供了高效+长效的解决方案。

——鲁房、儒房地产创始人　如是企业集团董事长　李振

售罄系列不断推陈出新是房地产行业变革的产物，从公司初创开始，十几年来，昆山佰杰房产一直与邓老师共同进步与成长。之前，售罄系列是从销售心理到成交技巧进行详细讲解；如今，与时代共舞，向大家讲授做好短视频和直播的秘籍，值得一读。

——昆山佰杰房产总经理　段明霞

书籍是人类进步的阶梯。进入房地产新经纪时代，从业者拥抱移动互联网营销是大势所趋。邓小华老师的《售罄3：售楼冠军短视频营销全攻略》为传统房地产经纪向信息化发展搭建了一座桥梁，推动了行业进步！

——合肥中皖辉达总经理　邓双喜

在不确定的时代，我们需要认知的更迭以及行为的延展，以增

加对未来的把控力。

百年未有之大变局需要更多细分市场的专业与创新带来的“小确幸”，为时代推波助澜，为中国梦助力！

邓小华老师的《售罄3：售楼冠军短视频营销全攻略》无疑为中国房地产中介企业提供了“驭变而行，向新而生”的驱动力。

——江西八目集团董事长　刘剑

拜读了《售罄3：售楼冠军短视频营销全攻略》，才知道销售还可以这样！若说成功没有捷径，那么销售一定有。一本让人醍醐灌顶的书，我推荐！

——自贡筑梦居房产总经理　李智

一直追随邓老师的脚步，邓老师的所有作品都可以落地，《售罄3：售楼冠军短视频营销全攻略》迎合当下“短视频+直播”的热潮，帮我们梳理了可执行的一系列实操方法，补足当下传统房地产中介的获客短板！

——扬州卓杰地产总经理　陈强

工具选对业绩翻倍，“短视频+直播”时代，地产人如何做到与时俱进？《售罄3：售楼冠军短视频营销全攻略》教我们如何更好地使用新工具，书里列举的思路和方法非常实用，能够切实提高房地产经纪人的工作效率，事半功倍！

——台山嘉联地产总经理　吴加球

十多年来，一直跟随邓小华老师学习成长，从读《房地产热销有绝招》到《售罄1》《售罄2》等书，从听“开单也疯狂”到“赢在店长”“功夫店长”等课程，我们收益巨大。新媒体营销乃时代发展趋势，《售罄3：售楼冠军短视频营销全攻略》将给房地产销售从业者带来系统、全面的新媒体营销知识、方法和技能，让房地产销售从业者获得提升。

——桂房房产董事长　郑东基

《售罄3：售楼冠军短视频营销全攻略》是一本将传统行业与新媒体行业结合进行房地产销售的实用指南。短视频获客时代已经来临，房地产作为大宗交易商品，也逐步入局短视频和直播赛道。但是，跟风、扎堆的背后是一群缺乏短视频获客技能，不了解平台规则、机制的房地产经纪人。本书从账号启动，爆款流量算法，到短视频内容创作和流量提升秘诀，再到直播卖房技巧，很好地解决了短视频和直播营销的痛点。从视频号引流到微信客户开发的高效转化，任何想将短视频作为衍生产品获客的经纪人都能从本书中获益。

——绍兴鼎天房产营销策划有限公司总经理　郑承银

《售罄3：售楼冠军短视频营销全攻略》将伴随我的成长，值得一读再读，强烈推荐每一位地产人学习！

——濮阳远航地产董事长　刘培

邓老师的课程，我们公司追随十年，每次的学习都有不一样的收获。从业务员、店长到区域经理，都有对应的课程，每次学习都能让员工对行业、对市场更有信心，对业务操作更有方法，也能为管理者赋能。《售罄3：售楼冠军短视频营销全攻略》能让公司线下业务顺利向线上业务转型，让员工转变作战方式，让我们在龙岩市场抢战先机。

——福建龙岩腾艺房产经纪公司董事长　陈小娜

市场在变，思维也要变，得流量者得天下。邓小华老师的《售罄3：售楼冠军短视频营销全攻略》，主要介绍如何制作短视频和如何直播卖房，让房地产销售人员得到更多私域流量，内容详细且精彩，欢迎大家品鉴！

——佛山世策地产总经理　李志彪

爱是这个世界上最好的营销！

自媒体时代已经来临，地产经纪教父邓小华老师用一生的爱铸就作品：《售罄1》给地产人无穷的魅力；《售罄2》给地产人隐形的能量；《售罄3》给地产人宽广的胸怀。

今天，邓小华老师再次将爱倾注到新《售罄3》中，成就全世界的地产人！跟上自媒体时代的步伐，强者将独领风骚！新《售罄3》是自媒体时代的地产人必读的高能量宝典！

——宜宾天天房产信息有限公司董事长　蒋棣群

把握趋势，掌控未来，邓小华老师的《售罄3：售楼冠军短视频营销全攻略》为房地产经纪人在未来能遇见更好的自己，提供了非常好的工具，为经纪人的腾飞插上了翅膀，期待邓小华老师的新书为地产中介发展赋能。

——宁夏中卫市置家房地产经纪有限公司董事长　牛金海

邓小华老师新版《售罄3》内容系统、落地、实用，是每个房地产经纪人必备的工具书。

——滁州振兴房产董事长　周军

这是一个流量为王的时代，合理运用新媒体工具，会让你再次突破。《售罄3：售楼冠军短视频营销全攻略》完美讲解了短视频和直播等专业知识，是新时代房地产经纪人必须拥有的学习用书。

——江门新一代地产总经理　吴朋辉

房地产中介开启直播卖房的新时代，房地产主播如何用“短视频+直播”运营获客，作者手把手教你创作内容。压箱底的实战干货帮助地产人抓住巨大私域流量，有效进行流量变现。看后就能用，每一招都直指“短视频+直播”运营核心。

相信这本书会给房地产主播和企业带来启发，帮助大家“从0到1”，做好短视频和直播卖房，内容设计+营销推广+流量变现，一站式轻松掌握！值得推荐！

——合肥你我他房产总经理　李亚杰

《售馨3：售楼冠军短视频营销全攻略》一书，易学、易懂、易操作、易落地，实战性很强，具有前瞻性。作者水平之高，眼界之广，是自媒体时代房地产经纪人不可或缺的教科书！

——扬州房地产业协会副会长　扬州远大不动产经纪有限公司总经理　徐粉荣

售馨系列通过大量事例和要点，将实用、常用且具有操作性的技巧倾囊相授；《售馨3：售楼冠军短视频营销全攻略》更是打开了地产人进入自媒体营销赛道的新思路。

——娄底腾祥地产总经理　罗双

与时俱进，紧跟变革步伐，才会立于不败之地，此书值得推荐！

——青海金屋子房地产经纪有限公司董事长　鲁之桢

邓小华老师的《售馨3：售楼冠军短视频营销全攻略》是一本内容全面，信息量大，与时俱进的地产销售实战图书，是当下房地产自媒体的营销利器，非常适合地产行业从业者阅读。

——福建融达房地产代理有限公司董事长　张王新

流量新时代，售楼大变革。《售馨3：售楼冠军短视频营销全攻略》全方位教你打造售楼冠军视频号，从激烈的市场竞争中脱颖而出，实现流量变现。读《售馨3》轻松享“售馨”！

——湖南楚尧房地产经纪有限公司总经理　任鹏

学习的要义，不仅在于掌握知识，更要善于把握事物的发展规律；不能满足于获取碎片化的知识，而要追求知识的“本真”与整体。在学习中“博学之，审问之，慎思之，明辨之，笃行之”，才能获得真学问，练就真本领。《售罄3：售楼冠军短视频营销全攻略》是一部地产销售佳作，值得每一位地产从业人员认真学习。

——大庆隆源房地产中介服务有限公司总经理　张晓梅

在这个充满未知和期待的时代里，唯一不变的是不断改变！新媒体是工业时代与网络时代后，第三次改变人们对未知事物认知最直接的渠道，它有无限的创造力，把握新媒体风口是地产从业人员留存的最好方式！

——清远市新干新地产董事长　李中

好人好房经纪时代到来，成交周期变长，客户决策变缓，客户变少，自媒体引流是趋势。《售罄3：售楼冠军短视频营销全攻略》是帮助门店或经纪人利用自媒体提升能力、成长蜕变的一本好书。

——河源中腾地产总经理　张翔

每一个房地产从业人员都应该走在前进的道路上，而前进的方法就是学习！学习《售罄3：售楼冠军短视频营销全攻略》，砥砺前行！

——河南信阳房宇典房地产总经理　翁兆虎

短视频时代的到来，给房地产销售带来了新的机遇。《售罄3：售楼冠军短视频营销全攻略》的横空出世，为每个地产人提供了学习机会，值得拥有！

——佛山展华地产总经理　何柱雄

邓老师的售罄系列实操性强，风趣幽默，接地气，是我刚刚入行时最好的精神食粮，为地产人指明了方向，是最好的引路者！

——广州英腾地产董事长　张富强

邓小华老师的课幽默、风趣，实战性特别强，每次听后都受益匪浅。新媒体卖房正逐步颠覆房地产领域，全新升级版《售罄3》是指引行业前行的一盏明灯，让所有地产人坚定信心！

——营口协合地产营销代理有限公司总经理　梁菲

正确的学习就像一座灯塔，照亮了每一位地产人的成长之路。不管是经纪人，还是管理者，邓老师所著的售罄系列都是必读之书。特别是《售罄3：售楼冠军短视频营销全攻略》，在这个流量为王的时代，更被奉为“行业圣经”。

——重庆万盛区丰乐房产总经理　吴兆哲

线上、线下、图书一体化培训，《售罄3：售楼冠军短视频营销全攻略》是房地产经纪人在新媒体营销方面快速成长的敲门砖和垫脚石。

——莒县家音地产　刘兰凤

这两年，听到最多的词就是“不确定性”，但有一点能确定的就是新媒体时代已经到来，新媒体营销将成为房地产经纪行业的重要赛道!《售罄3：售楼冠军短视频营销全攻略》正是以新媒体实操为核心，值得一读，一定会对你有所启发!

——卓一商学院院长　范晓旭

一路跟随邓老师学习，不断成长，收获很多!《售罄3：售楼冠军短视频营销全攻略》为短视频时代指明了方向，是一本非常实用的工具书。力荐!

——濮阳华梦地产总经理　张仁刚

移动互联网时代，独行者快，众行者远。如何帮助房地产经纪人快速挖掘用户需求，提升用户体验，流量必然成为核心要素。邓老师的这本《售罄3：售楼冠军短视频营销全攻略》值得所有经纪人阅读。

——博馨房地产总经理　张蕾

公司内训法宝，掌握房地产短视频、直播卖房营销之道，必看

《售罄3：售楼冠军短视频营销全攻略》！

——安徽芜湖市宏泰房地产总经理　郭丽

看过邓老师的售罄系列，我受益匪浅，感谢邓老师又出新书《售罄3：售楼冠军短视频营销全攻略》！

——江西抚州市鸿达房产有限公司总经理　张美琴

目　录 | Contents

上　篇　售楼冠军视频号流量变现实操

上　篇

售楼冠军视频号流量变现实操

有一次，在“短视频引爆开单”的课堂现场做分享的时候，有学员问我：“为什么很多朋友都给我的短视频点赞，可是短视频还没火起来？怎么才能让更多朋友给我的视频号点赞，让我出更多爆款短视频，卖更多房，获得更好的业绩。”

我好奇地问他：“你是不是每次发完视频号就开始到处‘求赞’，希望朋友们给你点赞点上热门啊？”

他紧接着说：“老师，您太了解我了，我就是想多获得一些赞，不仅数据好看，还能增加流量，提高房源的曝光量，带动我的房地产销售啊，短视频不就是通过这样的传播火起来的吗？”

跟他的对话，让我想起了房地产经纪人关于视频号运营的其他问题，为什么我有 5000 个微信粉丝，但是每条短视频都很难突破 500 的播放量？为什么点赞数据一直都还不错，突然就卡住跑不起来了？为什么我同事的视频号播放量没有我的高，但从视频号转化过来的客户却比我的多？为什么我的视频号每天做内容，却没有我的微信粉丝多？为什么客户看了我的视频号不给我点关注，应该怎么办……诸如此类的问题，你在做视频号的时候，是不是也经常遇到呢？

运营一个卖楼的视频号，是不是只靠把视频号转发到朋友圈或微信群，就能获得粉丝的点赞，从而上热门呢？我只能告诉你，把视频号转发到朋友圈或微信群获得点赞，只能获得一部分流量，无法获得粉丝的持续关注。就像在人群中，一个帅哥或美女转身看了你一眼，或跟你打了声招呼，并不代表他/她就喜欢你。

视频号中的短视频能不能上热门，点赞只是其中一个数据而已。要想账号持续涨粉，作品持续涨流量，最终实现转化涨销量，还需要系统运营。

第一章　房地产经纪人视频号的启动

近年来，我们在全国巡回开设“短视频引爆开单”课程，让很多房地产经纪人利用短视频获客开单。从学员的账号转化数据看，视频号的短视频及直播卖房的主流观看人群的年龄在30岁以上，有一定的社会阅历，经济独立且能够理性消费，也是主力消费人群。这类客户群体或许没有很多时间使用娱乐软件，但他们一定不会卸载微信，而视频号的一个入口刚好在微信上。对于房地产经纪人来说，一定要全力以赴进入短视频的赛道，利用视频号抓住核心消费人群。据统计，目前，视频号的总用户浏览时长比朋友圈高出80%，视频号每天的活跃用户也逼近5个亿。不得不说，在这个拥有超级流量的短视频平台，房地产经纪人一定会有更多机会创造辉煌业绩。

一、确定自身优势

视频号就像大号的朋友圈，能让房地产经纪人出圈，获取更多客户的关注。如果你有想法，想做房地产行业视频号的领跑者，想靠视频号提升房地产销售业绩，那就必须深入思考。所谓选择不对，努力白费，我们可以模仿优秀者，但更要做好自己。视频号的个人属性非常强，清晰地认识自己，展现自身优势，才能更好地立足于视频号，获得足够的关注度。

纵观现在的视频号大号，每一个号都有鲜明的特点和风格，能让粉丝印象深刻，并持续关注。然而，大多数视频号并不是一炮而红，或是靠一条短视频出圈的，他们都做好了长期规划，坚持不断尝试，并持续复盘，才获得了今天的关注度，成为某个领域的网红。所以，房地产经纪人不妨先思考以下三个问题，能帮助你更好地运营视频号。

（1）我是谁？

确定视频号的名字以及形象和风格，最大限度地吸引粉丝关注。

（2）我能做什么？

根据自己在说、写、演等方面的经验和优势，确定短视频的形式，是探房、口播、才艺展示还是剧情呈现。

（3）我能给客户带来什么？

思考什么样的内容能够吸引客户或业主关注，以及视频更新的频率。

房地产经纪人视频号作为垂直类账号，即以内容为主的账号，越垂直越好，这样吸引来的粉丝更加精准，质量也更高。房地产经纪人这类专业性比较强的账号，粉丝看起来没有那么多，但一般客户转化开发都做得非常好，毕竟，每个房地产经纪人都有自己擅长的表现方式，只要在自己的领域里精耕细作，客户的开发转化就能做得很好。

但是，房地产经纪人也要意识到，在短视频营销这条路上，你会遇到诸多挑战，如无人点赞、涨粉慢、内容瓶颈等，所以，在做视频号之前一定要想好自己到底在哪个方面可以持续地输出内容，因为你可能需要创作几百个甚至几千个短视频黏住粉丝，如果储备不足，视频号很快就会停更，甚至停止运营，导致功亏一篑。

二、设定主营账号

房地产经纪人做视频号都是想扩大自己的影响力，提升自身价值，连接更多的客户资源为房地产销售所用，从而创造更多的开单机会，实现自己的业绩目标。

如果说个人微信号是一个房地产经纪人的线上店铺，那么，视频号就是房地产经纪人的线上超市，因为它能容纳更大的客户体量。所以，我们必须做好装修与布局，迎接如潮般的客户的到来。

1. 如何申请视频号

视频号的申请已经全面放开，如果你还没有发现视频号入口，可以将微信升级到最新版本。

申请视频号比较简单，只要有微信就可以，一个微信账号对应一个视频号。打开微信，点击界面底部的“发现”，在“发现”界面中能看到视频号入口，直接进入视频号界面进行注册即可。在注册视频号时，需要填写基本信息，包括名字、简介、性别和地区，在创建账号主体时，可以选择企业号或个人号。

视频号一旦注册，就和微信绑定，目前尚不支持解绑或者换绑。所以，房地产经纪人在注册时要跟公司或门店沟通清楚，是做企业号还是个人号，建议房地产经纪人使用公司或门店分配的工作微信号申请注册视频号。

那么，一个人能申请多少个视频号呢？这是很多刚做视频号的房地产经纪人常常问到的一个问题。目前，一个实名认证的微信号能申请一个视频号，一个人的身份证号最多可以实名注册 5 个微信号，所以，一般情况下，一个人可以申请注册 5 个视频号。如果房地产经纪人想玩视频号矩阵，那么申请 5 个视频号后，可以解绑任意微信的实名认证信息，换绑到新的微信上，再继续申请。微信解绑实名信息后，已经申请的视频号账号可以正常使用，建议微信都进行实名认证，这样账号的安全性更高一些。

2. 视频号基本设置

①好名字带来好流量

给视频号起个好名字，不仅有利于用户搜索并关注，直接为账号带来流量，还能有效地显示你的账号定位，省去后期很多认证流程上的问题。从房地产销售的角度来说，一个好的名字能让客户迅速记住你，并留下良好的印象，也更利于快速建立双方的信任关系，而视频号的设计，恰好能让大家一眼就看到名字和头像，非常有利于客户识别。

视频号的名字、头像、简介等信息可以与个人微信号的信息不同，但我建议，两者要有共同点，起码名字一致，这样方便客户识别并记住你。

为了让客户有更多的机会搜索到你的视频号，在取名的时候，可以借助“微信指数”和微信“搜一搜”来搜索。“微信指数”是微信推出的基于微信大数据的移动端指数，来源于对微信搜索、公众号内容、视频号内容的热度情况的综合分析，在一定程度上可以作为数据参考。

在微信里搜索“微信指数”，进入“微信指数”小程序，然后输入某个关键词，即可看到该关键词的热度，同时还能对比不同词语的热度。关键词热度越高，代表用户搜索指数越高。房地产经纪人给视频号起名字时，可以根据自身情况，尽量选择热度高、易被搜索到的关键词。

微信“搜一搜”是微信自带的具有搜索功能的应用程序。微信“搜一搜”是一个全新的搜索入口，在这里用户可以主动搜索关键词，获得相关视频号、公众号、小程序、文章等信息。在微信里搜索有意向的视频号关键词或名称，可以看到对应的账号情况，了解是否有起名空间。另外，可以直接在视频号里搜索相关关键词，看该关键词下有多少同名账号或相似账号，以及对应的账号数据，以此作为参考。

关于房地产经纪人给视频号起名字这件事，这里给大家提供三条建议：

第一，简单好记易传播。

有些房地产经纪人为了标新立异，会在名字里用一些生僻字，觉得这样独一无二，很酷，但这也让粉丝很难记住。本来用粉丝搜索账号是一个重要的流量来源场景，一旦你的名字不好读或者很生僻，搜索这部分的流量就会损失很多。

一个好的视频号名字应该简单好记，正常情况下2~5个字就可以了，让粉丝看一次就能记住，想搜索的时候马上就能想到你。如果你在不同短视频平台都有账号，建议名字要一致且常用，这样粉丝在每个平台都能识别并关注你。

第二，避免同行类似名。

如果起名时在名字里适当加入关键词，即便粉丝不知道你的账号名是什么，也能够通过检索关键词搜索到你的账号，这样就会带来不错的自然搜索流量。所以，房地产经纪人做行业垂直内容就应该加入对应的关键词。

但是，这么多同行，难免会有同样姓名的人，一旦客户搜索到，就会面临多个选择或者被误导，所以，建议在取名时，搜索一下有多少个相同或类似的名字，如果同名视频号已经做得不错，则尽量避开这些名字。

第三，体现账号的特色。

如果你经常刷视频号就会发现，视频号里面做房地产的特别多，如果你想提高辨识度，让别人快速知道你是做什么的，在哪里卖房，并深深地记住你，起一个有辨识度的名字，最大限度地体现自己的特色是一个很好的方式。

关于给视频号起名字，还有几个注意事项：

一是，避免滥用明星名字，侵犯他人权益。

二是，一旦起好名字就尽量不更改，因为视频号改名流程复杂，多次改名会降低客户的识别度。目前的规定是，一年之内能修改五次视频号名字，即你注册完视频号以后，还有四次修改机会，一年是指自然年，即每年 1 月 1 日重置次数，但不建议你把五次用完。

三是，经过认证的视频号如果想要改名，首先要申请取消认证，然后提交改名信息，再用新名字重新申请认证。这个过程较为复杂，可能要多次申请才能通过。

②好头像增加好印象

一般来说，房地产经纪人设置视频号头像需要考虑以下几点：

第一，真实。尽量用个人照片做头像，以增加个人账号的识别度，拉近与粉丝之间的距离。

第二，专业。房地产经纪人最好选择职业照做头像，以展现专业度。

第三，一致。房地产经纪人视频号头像最好和个人微信号及其他网络宣传平台的头像保持一致，因为从视频号转化来的客户最终还是要沉淀到微信，通过微信跟进并服务客户，保持每个平台账号头像一致，客户到哪里都能见到“同一个你”，从关注度和信任度上来说更加有效。

另外，房地产经纪人在使用头像时要注意以下几点：

一是，不要使用名人、明星头像，可能会侵权。使用名人或明星的照片做微信、视频号或其他平台的头像存在着很大隐患，别人现在没来找你麻烦，是因为你的影响力还不够，还没有对他造成太大伤害，一旦你的视频号粉丝涨起来，影响力扩大了，就会面临巨大的被起诉风险，给自己带来无尽的麻烦。

二是，头像中不要带二维码及电话号码，这样存在违规风险。

三是，不要频繁更换头像。很多人喜欢经常更换微信头像，视频号也允许随时更换头像，但是从推广的角度来看，经常更换头像会降低客户的熟悉度，所以，尽量不要频繁更换视频号头像。

③好简介吸引好关注

房地产经纪人的视频号简介是主页中很重要的一个信息，直接影响账号的关注率。客户从短视频内容进入你的主页后，首先会通过简介了解你。所以，在简介中要告诉客户：你是谁？为什么要关注你？你能给客户带来什么？

目前，视频号的简介在10行400个字内不会被折叠，所以写简介时文字要简练，突出自己的优势及核心价值。

同时，视频号简介支持关联公众号，支持“联系客服”跳转，支持预约直播功能，对于房地产经纪人来说，这些功能可以让客户更多地了解你，与你进行深度沟通、互动。编写视频号简介时需要注意以下几点：

第一，表明身份。说明自己的专业、能力、影响力以及获得的荣誉或奖项，以增加信任度，让客户快速了解你。

第二，加深印象。简介可以适当使用有个性或幽默的语言让客户印象更深刻。

第三，引导关注。在简介后面加入个人微信号，将粉丝引流到微信沉淀私域流量，也可以引导客户到你的视频号小商店，增加你的房源曝光率，提升咨询带看的转化率。如果想要更多人关注，可以适当加点福利，增加客户的关注欲望。

因为视频号简介可以随时修改，且不限次数，所以直播、活动、荣誉奖励等信息要及时更新到简介中，让粉丝第一时间了解你的最新情况。

3. 视频号认证

视频号认证有以下六大好处：

第一，能够获得一个特有的认证标识，这个标识就像门店招牌，能够提高识别度。

第二，能够获得更多优先推荐的机会，提升房源或内容流量。

第三，能够获得更靠前的排名，甚至被置顶，因为认证过的账号搜索结果位置更靠前。

第四，能够拥有更多的发挥空间，认证过的账号官方信任度更高，直播卖房时的自由度也就更高。

第五，能够获得更多的功能支持，例如直播时更容易获得流量推送。

第六，能够获得更优质的服务。认证过的账号支持多个运营者，而且出现账号问题向官方申诉时，解决问题的速度更快，就像享受了头等舱的服务。

①个人认证与企业或机构认证的区别

在视频号粉丝量满足认证要求的情况下，一定要做账号认证。视频号认证分为个人认证与企业和机构认证。

第一，个人认证。

个人认证分为两种：职业认证和兴趣认证。职业认证适合线下有职业身份的用户进行认证，如运动员、演员、作家等；兴趣认证适合博主、自媒体从业人员等。

申请职业认证，除了要满足近30天内在视频号上至少发布过一个作品、已经填写简介的要求之外，还需要提交与职业相关的证明信息，具体要求可以在申请环节了解。职业认证者主要是指在学术、医疗、文化、艺术、游戏、动漫、体育等相关行业工作的人。在认证时，认证者要向平台提供各级人事部门颁发的相关行业中级及以上职称证书，或者提供具有社会影响力的相关获奖证明。对于一般的视频号团队，建议进行职业认证，以此证明你们的专业能力和影响力。

申请兴趣认证，需要满足的基本条件包括已经填写简介；近30天内在视频号上至少发布过一个作品，并能持续输出内容；拥有1000个或以上数量的有效粉丝关注该账号，若参与了视频号的原创计划，数量可降低至500个，建议前期不要使用外挂、买粉等方式，以保证粉丝的真实有效，这样更容易申请通过。很多人未通过兴趣认证，最常见的原因是对应领域发表的原创内容数量不足。

在满足以上基本条件后，可提交认证材料进行认证，认证材料为以下三项中的一项：

一是在所属领域持续发表原创内容，并且视频号关注人数为1000人以上，能提供内容创作资料证明。

二是在所属领域持续发表原创内容，并且微信公众号关注人数达到10万人以上。

三是在所属领域持续发表原创内容，并且除微信外，在其他平台上的账号关注人数达到100万人以上。

第二，企业和机构认证。

目前，申请企业和机构认证，只需要有同名的已经认证的公众号即可，将它与你的视频号进行关联就可以完成认证。如果你的视频号名字和公众号名字不一致，就无法完成企业和机构认证，需要先改名字。在认证通过后，该视频号将被认证主体使用。所以，视频号平台特别提醒用户“请使用合适的微信账号发起认证”。

如果没有微信公众号，需要在视频号助手后台提交企业相关资料进行认证，并缴纳300元认证费，一个公司最多能够认证50个视频号。

当使用个人微信账号申请了企业和机构认证后，相应的视频号账号就不属于个人所有了，相当于把个人微信账号的使用权转让给了企业。目前，一个微信账号只能创建一个视频号账号，且创建成功后，该视频号账号只能在该微信号上登录。因此，建议房地产中介公司在创建企业视频号之前注册一个专门用于企业视频号认证的微信账号。

第三，个人认证与企业和机构认证的区别。

个人账号就像房地产经纪人的名片，有利于展示专业影响力；企业和机构账号更像官方网站，可以用短视频或直播内容提升企业影响力。所以，建议房地产中介公司和房地产经纪人都用归属于公司的微信号申请视频号。从功能上看，在直播时，个人账号可以接收打赏，企业账号则不支持打赏功能。

目前，视频号的认证分为四个级别，用不同的图标表示，不同的图标与其有效关注数有关。

第一种是蓝色标志，代表的是企业认证，直观地告诉大家这是一个企业账号。

第二种是白色标志，代表该账号已经完成兴趣认证，且有效关注数量超过 1000。

第三种是灰色标志，代表该账号已经完成兴趣认证，且有效关注数量超过 5000。

第四种是黄色标志，代表该账号是已经完成兴趣认证的个人账号，且有效关注数量超过 10000，或者是已经完成职业认证的个人账号。黄色标志是个人账号中的最高认证级别。

一般情况下，只要粉丝数超过 1000，都可以申请视频号认证，粉丝数超过一定等级，也不用重新申请，系统会自动升级，图标也会自动更新。

②申请视频号认证

进入视频号主页，点击右上角的“个人”按钮，在“我的视频号”里选择需要申请认证的视频号，再到页面右上角点击“认证”，选择适合的认证类型，然后按步骤操作即可。个人账号认证需要提前准备好个人主页的截图。

需要说明的是，如果你的视频号发布内容与认证领域不符，或者视频号名字与某个名人、商标重名，会导致认证不通过。

那么，视频号认证后能不能修改呢？答案是肯定的，修改认证类型是可以的，但是要慎重考虑后再修改，因为修改认证意味着你的账号类型可能发生变化。从认证流程上看，需要先取消原有认证，再提交新的认证类型所需要的材料。除此之外，近一个月发布的视频号内容要与新的认证类型相符，如不相符，则需要加以隐藏，这样才能提高通过率。

③提升认证通过率

有很多房地产经纪人发现，现在视频号的认证审核非常严格，申请经常通不过，原因包括原创内容数量不足、原创内容比例较少，或者申请的类型与内容不符等。所以，申请认证前要在以下几方面做好准备：

第一，粉丝基数。上面我们提到粉丝数量要达到1000个才能申请认证，这1000个要确保是有效粉丝，因为有效粉丝是主动关注的，对你所推送的内容有点赞、收藏、转发、完播等互动行为。

视频号对有效粉丝数量十分看重，对那些虚假的、刷数据而来的粉丝会严格识别，所以，新手在做认证的时候，不要轻易相信某些宣传平台，承诺快速刷粉、保证认证通过等，经常有账号刚刚过了 1000 个粉丝就去申请认证，殊不知其中包含了大量无效粉丝，或者还没有被系统识别到，很容易导致认证被驳回的情况发生。

第二，真人出镜。一般来说，真人出镜做原创内容的账号认证通过率比较高，尤其是做房地产垂直内容的视频号。如果认证申请被驳回，原因大多是原创内容数量不足。所以，如果计划在一个月内申请认证，那么这段时间的内容要有足够高的原创度，这样在认证的时候会更容易通过。

第三，达人助力。在同一领域，互为好友超过三个月的微信粉丝能够辅助验证。当然，不用好友辅助验证也可以，只是审核速度稍微慢一些。目前，认证的审核周期一般在一周左右。

三、选定主营楼盘

每个房地产中介门店都经营着多个不同楼盘，包括新房和二手房，而且每个商圈的楼盘层次不一，如果房地产经纪人每天在视频号推广的商圈、楼盘、房源层出不穷，风格不同，价格不同，档次不同……会让客户眼花缭乱。那么，选定哪些商圈、楼盘、房源做内容，才能带来更多客户呢？

1. 选择热销楼盘

在视频号上推广房源，可以选择热销楼盘或热门房源，因为这些房源有着较高的热度和较大的市场营销空间，客户对房源的购买欲望也更强烈。可以优先选择独家房源、钥匙房、特价房、促销新房以及业主意愿高的房源，并预先了解当前楼盘销售情况。当然，任何房源都有一定的销售热度期，我们要学会每周更新不同的主打房源或楼盘，学会打造自己的爆款房源。

2. 选择竞争少的楼盘

视频号怎么选主打楼盘？竞争少且交易活跃的楼盘是很好的选择。在选楼盘之前，可以先看看商圈内同行的视频号都在主打哪些楼盘，以此来制定自己的推广策略，寻找新的流量与房地产销售机会，这样也可以让自己主打的楼盘占据更大的市场销售份额，让视频号中的房源有更好的销售数据。有卖点且竞争较少的房源能使销售获得更大的主动权。

3. 选择粉丝喜欢的楼盘

如何选对楼盘，做出高流量的短视频作品，从而实现流量的转化呢？房地产经纪人必须记住这样一条流量变现路径：在视频号上找到合适的楼盘和推广相同楼盘的同行，看他最近发布的短视频的实时数据，根据点赞量、评论量了解粉丝的喜好及需求。如果这个房源当前热度足够，就可以对标同类爆款短视频，批量产出足够多的优质房源短视频，用此类库存房源把住流量赛道。

四、锚定客户群体

商圈里主营楼盘的客户群体是哪些人？年龄分布是怎样的？他们的兴趣爱好如何？他们的职业是什么？这些人主要来源于哪些区域或城市？在做视频号内容之前，我们需要通过以上问题给客户群体画像，有了群体画像，才能进一步分析他们的喜怒哀乐，找到真正的痛点。这样你的创作就有了方向，就能让短视频作品或直播更契合受众需求。

短视频的形式可以是口播、探房，也可以是剧情呈现，主要看什么形式更能发挥你的优势，更能吸引受众观看。

1. 口播

房地产经纪人做口播的好处就是效率高，录一个视频，剪辑一下，很快就能完成一个作品，所以，这也成为房地产经纪人短视频创作的主要方式。但是，口播的画面比较单调，容易让受众产生视觉疲劳，房地产经纪人就需要思考如何把单调的单人画面做得吸引人，让刷到短视频的人能够留下来把短视频看完甚至保存转发。房地产经纪人做口播，不仅靠说，还要靠内容，主播的镜头感、个人形象、声音等能够在第一时间把人吸引过来，而内容则对是否留得住人产生重要影响。

2. 探房

因为增加了外景画面，探房短视频看起来比纯粹的知识口播画面更丰富，更容易让受众接受，从创作的角度来说，也更容易一些。探房视频难在取景、拍摄和剪辑，这些要耗费大量时间。

3. 剧情呈现

对房地产经纪人来说，剧情呈现的门槛比较高，对编、导、演、台词各方面能力都有一定的要求，但是对粉丝来说，剧情呈现是比较容易接受的形式，所以如果你有这方面的想法，并具备一定的能力，建议你和团队伙伴一起创作剧情类短视频。

房地产经纪人在做视频号的过程中，一定要思考自己的内容与同类视频现有内容有什么不同，用自己的特色内容赢得流量和销售机会。在日常工作和生活中，要多看、多刷同类作品，并记录内容和数据，进行详细分析，同时，筛选一个对标账号，分析自身的优劣势并不断创新，慢慢形成自己的特色和风格，最终超越目标账号。

五、锁定目标数据

房地产经纪人一旦把视频号作为房地产销售获客的主要渠道，就需要确定目标，才不会在运营中迷失方向。目标还能驱动你更好地创作短视频内容，实现流量转化变现。对于房地产经纪人来说，锁定视频号的运营目标，需要抓住3个关键数据：

1. 作品数据

包括行业内爆款短视频数据；自己创作的作品流量数据；作品流量提升的目标数据；每周、每月作品创作的数量目标数据；等等。

2. 账号数据

包括对标账号的数据；自身作品带来的涨粉数据；推广带来的涨粉数据；每周、每月涨粉目标；粉丝流失目标控制；等等。

3. 转化数据

包括流量带来的咨询量、带看量、签单量等。每周、每月都要复盘，总结成功经验，从成功走向成功，视频号才能成为房地产销售的签单神器。

第二章 掌握视频号的爆款流量算法

如果你经常刷短视频，一定有这样的经历：在你搜索或点赞喜欢的短视频后，大数据会对你浏览过的内容进行分析、统计，为你添加标签，平台会投你所好，给你推荐你喜欢的视频。平台有一个推荐流量池，运营者发布一个视频后会先在小流量池里测数据，如果数据好，算法系统会继续把这条视频推到下一个更大的流量池，最终产生爆款。

除了给粉丝推荐喜欢的内容，视频号还有一个独特的设计，就是当你的微信好友给他喜欢的视频点赞或评论时，你也可以看到。视频号背靠拥有 12 亿日活跃用户的微信，依靠算法推荐和社交推荐双重机制进行分发，通过社交推荐，用户会优先看到好友看过的视频，并能看到对方的评论，以此提升互动率。这样一来，基于微信好友的关系链，可以更加精准地推荐流量，更有利于你的房地产销售获客转化变现。

一、视频号的社交推荐机制

微信是房地产经纪人经营私域流量的重要工具，而视频号扎根于微信，传播、推广自然也离不开微信。经营视频号，对于房地产经纪人维护老客户关系，拓展新客户关系有着重要的作用。我们可以通过微信与客户随时联系，产生深度互动，可以在朋友圈分享客户喜欢的房源，也可以通过微信群、视频号连接更多人。正因为前期在微信上积累了大量的私域流量，所以，经营视频号时可以借助这些私域流量获得更好的启动优势。

房地产经纪人在视频号上发布短视频作品后，只要微信好友点赞，点赞人的好友就会看到，这可以带动好友圈的人观看，对于房源推广而言，观看量的提升不仅能给我们带来更多的流量，更重要的是，让更多潜在客户了解我们的房源信息，实现在线的一对多讲解，创造更多销售机会。

同时，视频号的“朋友在看”功能让微信好友点赞过的视频能够出现在用户的视频号主页上，这就好比帮你进行了一次转发，为房地产经纪人利用私域流量开发客户并实现转化提供了更多机会。

视频号主页上显示的“×位朋友关注”功能是指，一位用户在进入他人视频号主页后，在该账号的简介下面会有提示，这位用户的好友都能看见这个提示。这个功能可以让用户了解他的好友的兴趣偏好，同时也会给他一种心理暗示，即跟着好友的兴趣观看短视频并关注相应的账号。

总的来说，房地产经纪人视频号上的短视频会以微信粉丝这样的强关系冷启动，进而引发平台推荐更多的弱关系流量，从私域流量池进入公域流量池，最终实现短视频的出圈、爆火。所以，微信好友点赞、评论这种社交推荐机制，为产生更多爆款提供了可能性，但这并不意味着房地产经纪人视频号仅仅依靠社交推荐机制就能出爆款，除非你能找到 10 万个私域流量给你点赞，但这种概率非常小。因此，房地产经纪人视频号的打造必须遵循“内容为王”的原则，黏住更多人，再通过平台的算法推荐机制加持，让短视频火爆起来。

二、视频号的算法推荐机制

为什么有的账号发布的短短几秒的短视频能获得 10W+的点赞？为什么有的账号的每条短视频就只有几个赞、几百的播放量？房地产经纪人运营视频号需要从选题策划、内容制作、作品发布到后期的推广运营进行系统操作，并配合社交推荐和算法推荐，才能让短视频出圈，从私域流量进入公域流量。

视频号的算法推荐机制涉及点赞数量、评论数量、转发数量和收藏数量几个关键数据，其中，评论量所占权重最高，评论区越活跃，评论数量和质量越高，平台推荐的流量就会越多，作品成为爆款的机会就越大。

所以，房地产经纪人在做视频号内容之前就要思考，什么样的选题会有更多人点赞、评论、转发，刚开始做的时候，可以搜索同行的作品进行参考，但不要照搬，因为别人的爆款在你的账号上不一定是爆款，每个爆款都有特定的时间、场景、人设等，我们要结合自身的优势，研究用户需求，建立好自己的素材库。

在拍摄、剪辑短视频时，要设置三个左右能够让客户主动评论的点，以此提高评论区的热度。这些评论点可以是内容，也可以是人物、场景等，没有严格的限制，因为每个人的关注点不一样，你也不知道哪个点就会爆出来。同时，为了提高视频的完播率，剪辑时尽量控制时长，建议房源广告类短视频控制在30秒以内。

三、视频号的爆款流量密码

1. 流量机制

基于社交推荐与算法推荐，房地产经纪人的短视频想要更多地被系统推荐，可以在发布一个短视频后，先分享给自己的微信好友或朋友圈，获得第一波点赞及评论，以此启动平台的社交推荐机制，积累原始数据，再结合平台的算法推荐机制，根据短视频的位置、标签、话题等，将其分发给相关的或感兴趣的陌生人，从而进入更大的流量池。

2. 内容为王

常规的操作不能保证每一条短视频都成为爆款，但只要不断尝试，坚持每天更新，10条短视频不火，就发100条、1000条，总有爆火的机会，只要你做火了一条短视频，就会有第二条、第三条，甚至第N条爆款短视频出现。爆火的关键还是内容，一定要选择客户最关心的话题，最经常点赞的内容，最喜欢评论的槽点，不断总结数据，分析规律。

3. 数据分析

做好视频号的数据分析是每个房地产经纪人运营视频号，获得更多客户资源的必备技能。数据分析能给房地产经纪人最真实的市场反馈，知道哪些内容是客户喜欢看的，还有哪些地方可以优化。

视频号刚上线时还没有视频号助手，我们要定时手动记录每个短视频的各种数据，比如播放数量、点赞数量、评论数量、转发数量、收藏数量、关注数量、赞播比、转发比、转粉率，用这些数据分析账号的整体运营情况；现在，我们可以用视频号助手对账号的整体数据以及单条内容数据进行分析，了解客户的喜好，总结产生爆款的原因。

值得我们注意的一点是，视频号的短视频流量跟其他短视频平台不一样，并不是一发布作品就立刻往上涨，有的短视频是一周甚至一个月之后突然爆发，成为爆款的，所以，我们可以多观察数据变化，不断调整推广策略。

第三章　快速学会视频号内容创作

视频号内容的选择既要看房地产经纪人擅长的领域，也要看目标客户群体的需求，即客户是第一次买房还是第二次买房，客户的职业和社会地位，客户喜欢的短视频类型等，这些都是我们需要考虑的因素。例如，我们的目标客户群体是教师，就可以把内容做得比较有文化内涵，吸引更多有效流量，以实现更多的转化成交。

一、短视频内容选材三个关键

内容质量是房产经纪人视频号账号及短视频作品流量的核心，只有好的优质内容，才能真正吸引粉丝，为你带来流量。所以一定要用心做内容选材让客户觉得你的内容对他有帮助，这样才能获得更多的点赞、评论及分享等。

1. 以客户为中心

（1）真实，真人、真盘、真房。不管用什么形式表现，真人出镜都更容易让客户记住你，也更有利于彼此之间建立信任。要使用真楼盘作为短视频场景，让客户多方面、多角度地了解楼盘，从而喜欢上楼盘。真房源更容易留住客户，一方面推送的房源要真实存在，另一方面房源要真的在售，已经成交的房源可以隐藏起来，如果你跟客户说他看上的房子已经卖掉了，那么接下来的沟通难度就会增加，与此同时，要在评论区及时更新房源销售进度。

（2）善意，永远是吸引客户的基石。因为现在客户的选择越来越多，他们肯定愿意委托信得过的房地产经纪人买房、卖房，所以房地产经纪人切记要充满善意地对待每一位与你接触过的人，并利用视频号将你的善意进行传播，让更多客户了解你的为人处世，并帮你点赞、转发，从而影响更多潜在客户。

（3）美好，是客户对买房后生活的向往。近两年，我研究了数万条卖房短视频，分析了数据表现好的短视频，发现了一个共性，就是这些短视频的文案已经不仅仅是传统的干巴巴的说辞，而是融合了诗词歌赋等新鲜玩法，结合客户对买房后各种美好生活场景的憧憬，展现给客户一个“未来的家”，给客户制造更多惊喜，激发他们的购房欲望，也增加短视频的完播率和转发量。

2. 以算法为出发点

房地产经纪人发布短视频作品，能否获得更大的流量，提升房源的曝光率，关键是看互动量，特别是评论和转发，互动量高说明粉丝对房源或内容有共鸣。有共鸣的选题能够激发客户内心的某种情感，让客户感觉说的就是他，让他产生心理暗示——这就是我要买的房，我要努力买这样的房等。有共鸣的短视频作品需要前期了解客户，并结合作品发布后平台算法得出的分析数据，持续不断地输出能引发客户共鸣的短视频。通常，可以通过以下三种方式与客户产生共鸣：

（1）用

短视频一定要对客户有实际作用。可以将短视频内容定位为每期讲解一个买房小技巧，这样的内容很受客户欢迎，因为买房是每个客户的人生大事、家庭大事，需要了解的问题很多，你为客户提供有价值的买房技巧，很容易使客户收藏、点赞及转发。

（2）情

在短视频作品中，一定要融入情绪、情感、情怀，可以讲讲客户如何通过奋斗为家里买了一套三居室的故事，引发客户的家庭情感共鸣。

情感是人类永恒的话题，也是维系你与客户之间关系的基础，房地产经纪人用真情实感创作短视频，才能打动粉丝。融入亲情、友情、爱情等情感的短视频，不仅更有温度，还让房源更具有销售力，更重要的是能够让潜在客户从中找到情感寄托并产生情感共鸣，从而对房源产生兴趣。

（3）趣

尽可能增加短视频的趣味性，新鲜的事实、生动的人物和情节、主播的幽默感都可以增加短视频的趣味性。因为客户总是对新鲜的事物表现出浓厚的兴趣，所以平时要注意积累每套房、每个楼盘的新鲜事，它们是绝佳的短视频素材。

3. 以转化为落脚点

（1）短

短视频内容尽量简短，让客户清楚你要表述的内容。客户每天都会刷大量的短视频，所以你的短视频必须选择最有价值的房源信息进行传播，这样才对销售转化有直接的效果。

现在，很多房地产经纪人的短视频内容表现形式趋同，都是把重点放在地段或者房源内部上，而忽视楼盘的园林景观、业主生活品质等因素。要想打动客户的心，就需要在创作短视频时更深入地了解客户的买房动机与需求，将楼盘的卖点转化为客户的买点，并通过客户喜欢的方式表现出来，刺激客户的心理需求，产生共鸣，实现转化。

（2）平

用客户听得懂的语言来演绎短视频内容，不要过多地追求专业术语，越是大众化的内容，传播力就越强。在准备探房短视频时，要多观察业主生活，寻找更贴近客户的素材。

（3）快

把握客户刷短视频的黄金三秒，把能快速吸引客户眼球的点子放在短视频的开头，提升短视频的完播率，提高房源推广效率。

二、快速、持续创作短视频的三大法宝

房地产经纪人能否持续运营一个视频号，内容能否持续更新很关键，因为这不仅能给我们带来持续的流量，更加能够培养客户看视频号的习惯，提高客户的留存率，让账号有更好的数据基础，有利于平台通过算法推荐更多流量。当然，持续更新对房地产经纪人来说面临很大挑战，所以前期可以通过模仿完成短视频作品，有一定的积累以后再进行创新，形成自己的特色，保证内容的持续创作。

1. 短视频创作流程化、标准化

房地产经纪人的短视频创作经常陷入“困难期”，根本原因在于“三无”的创作模式，即无准备、无流程、无数据。有些房地产经纪

人就是拿着一部手机，直接到房屋里面，把每个位置拍一遍，简单介绍一下，就把短视频上传到平台了。如果长期使用这样的创作模式你会发现，一套房源拍一次之后，第二次就不知道拍什么了，只能用同一个短视频推广，缺少新鲜感，播放量肯定上不来。因此，我们要把“三无”变成“三有”，即有准备、有流程、有数据，对短视频进行标准化运营，这会更好地提升播放量和转化率。

（1）有准备

一套房源，除了室内硬件可以拍摄，是否还有其他可以推广的亮点；除了传统的房源介绍说辞，是否还有其他的语言可以吸引潜在客户；除了规规矩矩地讲解房源，是否还有其他新颖的表现形式。以上这些答案都是肯定的，只是要求我们准备好场景、拍摄路线、人物出场顺序、文案等，最好有一个基本的短视频剧本，这样拍摄思路会更加清晰明了。

（2）有流程

剧本写作、拍摄、剪辑是短视频创作的基本流程，当然，也要针对不同客户群体，调整剧本写作、剪辑的重点，满足客户的观看需求，毕竟每个客户的需求都不一样，想用一个短视频满足所有客户是不可能的。理性客户买房关注地段、价格、质量等，追求房子的升值空间；感性客户关注小区环境配套、风格等，追求健康舒适的居住环境。

（3）有数据

每天都要整理每个作品的数据，根据数据不断优化短视频制作，形成具有自己特色的标准化作品——有固定的开头吸引粉丝，中间有优质内容留住粉丝，结尾有互动转化粉丝。

2. 优质素材重复用

视频号里的优质素材就是数据表现好的素材，数据表现好说明客户比较喜欢，那么这类素材就可以重复拍、重复发，以满足客户的观看欲望。房源广告类短视频也如此，数据表现好的楼盘或房源，可以重复拍、重复发。例如，最近一周三房户型比较受欢迎，我们就可以采用不同方式拍这个小区的三房，即使一套房源也可以换个衣服或风格再拍一次。总之，凡是数据表现好的短视频作品，都可以不断重复，好上再好，这样一来，账号数据也会越来越好。

3. 建立自己的素材库

在找素材做口播时，可以搜索那些点赞、评论比较多的主题和内容，并分类归档，以便后续模仿创新；在跑盘过程中，可以多拍一些小区素材，并分类存档，后续制作短视频时可以使用；在房地产销售中，可以多跟客户沟通，积累一些客户对小区的评价、意见等，以便后续更有针对性地进行剧本写作及拍摄；等等。房地产经纪人从做视频号的第一天开始，就要为自己的素材库积累素材，为长期进行短视频创作奠定基础。

（1）楼盘资料

楼盘资料的积累主要是将你所经营的每个小区进行独立建档，把剧本、拍摄素材等留存起来。

（2）口播素材

口播素材的积累主要是以客户买房交易为主线，把每个环节的知识点归纳起来以备用。

（3）热点题材

热点题材的积累主要是针对春节、中秋节、国庆节等节日，结合楼盘或房源特点，以及一些不固定的热点准备的相关内容，这个平时可以多关注热门账号或话题榜。

三、房地产经纪人短视频内容创作

要想通过短视频获取流量，就要依靠内容，从某种程度上说，内容就是流量，流量就是业绩。创作目标客户关心的优质内容，才能满足客户需求，击中客户痛点，提升流量转化率。短视频想要更好地传播，必须把握好五个基本要素，即对谁说、说什么、如何说、何地说、何时说。

第一，对谁说。短视频传播的目的是把你要表达的信息传达给目标客户群体，但不同房源有不同的消费群体，比如高端住宅的目标客户群体品位和消费能力都比较高，要根据目标客户群体的兴趣爱好确定短视频的表现形式及内容。

第二，说什么。除了房源信息，还有什么内容可以利用短视频传播，值得房地产经纪人深入思考。

第三，如何说。采用什么样的方式将信息传播给目标客户非常重要，这包括语言（普通话、方言还是其他语言）以及内容的安排等，目的是让客户在短视频内容的引导下找你买房。

第四，何地说。如果能够基于目标客户群体的地理位置推送短视频，将有效提高推送效率。

第五，何时说。选择什么时间推送短视频非常重要，需要根据短视频的内容以及目标客户群体的作息确定。

基于上述五个基本要素，为大家介绍房地产经纪人短视频的创作方法。

（一）短视频爆款内容的结构

房地产经纪人要想提高短视频的创作效率，就要将内容产出和创作流程标准化。我们研究了各行业的头部主播发现，越红的主播，短视频内容结构的标准化程度越高，而且质量高，也稳定。对于房地产经纪人来说也是如此，只有将自己的短视频标准化，才能更好地提升流量，实现开单转化。

视频号里的短视频一般都有时长限制，承载不了太多内容，所以，房地产经纪人可以使用“高潮前置、中间说事、结尾留客”的黄金三部曲结构编排内容，把一句话、一个动作、一个表情，或是一种形象，都设计得让人印象深刻。

1. 高潮前置

高潮前置就是把最能吸引粉丝的内容放在短视频最前面，也就是通常所说的开头的黄金三秒。在短视频开场的前 3 秒一定要亮出爆点，这是提升完播率的关键，千万不要挑战粉丝的耐性。房地产经纪人要善于通过视频封面、标题、音乐、视觉冲击力、人物魅力、预告、身份代入等吸引观看者。

（1）刺激

传统的房源推广都是先讲商圈配套，然后讲楼盘卖点，再讲房源面积、楼层、朝向，最后留个联系方式，告诉客户买房找我；在视频号上进行房源推广，一般来说，开头就要带给粉丝强烈的刺激，比如，一位客户气势汹汹地推开门店大门，大喊一声：“谁是林永青？”刷到这条视频的粉丝看到这一幕，很有可能留下来继续观看。

（2）好奇

吸引人的标题容易将粉丝留住，如“你知道如何买新房更划算吗?”粉丝看到这个标题，会在心里嘀咕，到底怎么买呢？要不看一下吧，只要他们能留下三秒，把视频看完的概率就会大大提升。

（3）关系

开门见山地拉近你和粉丝的关系，也能把粉丝留下来。在短视频一开始就表明你和他的关系，告诉他你能帮他解决什么问题，比如，“这条视频告诉你，年底买房的三大好处”。

2. 中间说事

以上面第（1）点“刺激”中的案例为例。当有人大喊“谁是林永青”时，林永青正在认真工作，听到这句话并看到这个场面后，他不禁身体后倾，不敢吭声。店长见状赶忙迎上去，了解情况，客户说：“你们门店的林永青，在半年之内给我打了20多个电话，发了182条微信，推了几十套房源，我一直说‘不要、不要、不要……’但他丝毫没有停止的意思。直到昨天，他给我发了一套房源，就是这套（拿起手机，边说话，边打开微信），看起来还不错，今天就过来找他了，看看房子到底怎么样!”听到这里，林永青终于松了口气，站起身来走了过去。门店的其他人也放松下来，露出了微笑，盯着林永青跟客户讲房，目送他撑着雨伞带客户去看房。

中间内容的编排要控制好节奏，设置足够多的关注点（包括音乐、人物关系等）吸引粉丝，避免因内容枯燥让客户失去耐心而划走。要想将中间内容编排得合理、精彩，房地产经纪人首先要足够了解所推房源的购买群体，了解他们的认知情况和关注点，然后结合关注点植入短视频内容，引发潜在客户的共鸣，在此基础上提供的方案才更有说服力。

3. 结尾留客

在短视频结尾要出其不意，有互动、有惊喜、有反转，促使粉丝反复观看，提升复播率和互动量。常用的方法是提示粉丝进行点赞、评论、转发、收藏、关注，比如，“在评论区说说你关于买房的想法”“请将这条视频转发给你身边想买房的朋友”。

总的来说，爆款短视频都有一定的内容结构，只要房地产经纪人能够结合热点、笑点、泪点、知识点、冲突点等，把爆款短视频黄金三部曲的结构应用到创作中，就能引发粉丝共鸣，下一条爆款就属于你。

（二）短视频文案创作

房地产经纪人经常提出这样的问题：“短视频文案如何语出惊人?”“怎样让我的短视频不被划走?”“怎样做出一条让人看完还想看的短视频?”这些问题其实都在说一件事，就是视频号如何做得有吸引力，让粉丝能看得下去。这便引出接下来要讲的内容——如何通过文案标题这把钥匙，打开短视频的流量开关，用文案提升粉丝的身份代入感，从而留住粉丝，让房源得到更有效的传播，让粉丝变成客户。

1. 爆款短视频标题写法

（1）数字型

①只有1%的人知道的买新房秘密，却能让你省70000+。

②学会这三点，保证让你选到满意的房源。

③1000+人周末选择到访楼盘的背后，是……

（2）热点型

①××楼盘爆火的背后，是……

②父亲节，买套房送给爸爸。

（3）悬念型

①买二手房的秘密在于……

②天河那些过目不忘的楼盘，保证让你记一辈子。

③新手如何选到既优质又划算的楼盘。

（4）疑问型

①为什么那些问过××楼盘的客户，三天内都下定了。

②如何选择二手房商圈配套。

（5）故事型

①她用三天看了广州 20 个楼盘，最后选择买 H 楼盘。

②买过三次房的经历，让她明白买房还是找中介好。

③那些选择在贵阳买房的人，后来都怎样了。

（6）价值型

①10 月买房可以让你在年底入住新房。

②年底，最能让你省钱的买房攻略。

③因为五年前选择买房，他赢得了换房的机会。

（7）共鸣型

①你是不是和我一样，买房时一直纠结预算。

②大家都选择 H 盘，只是因为上班方便。

（8）对比型

①月供 5000 和月供 10000 的区别是……

②同样的月薪 5000，为什么有人选择供房。

③当你观望的时候，人家已经在看房的路上。

（9）探房类

①生活在××市的人都赞不绝口的小区有什么不一样。

②××市 100% 女业主都喜欢的小区，今天带你体验一下。

③××市排名前三的豪华小区，一定要看到最后。

④最受老婆欢迎的三居室，先点赞收藏。

⑤很多客户说看完楼书就想住进来的小区，有什么不一样。

⑥你从来没有想过××市还有配套这么好的小区。

⑦100 万粉丝都爱看的小区，到底配套怎样。

（10）急售类

①买房怕买贵吗？10 秒告诉你如何捡便宜。

②不到 1 分钟之前收到的开发商内幕消息……

③放心吧，我已经跟业主谈了 7 次价。

④偷偷告诉你，今天刚收的这套房低于市场价 10%。

⑤花 1 分钟看完视频，买房省 100000+。

⑥看完这条视频，毫不费力买房赚 100000+。

⑦还没发视频号，已经有 7 个客户想看这套房。

2. 短视频脚本的 5 种写法

（1）房地产知识型脚本

房地产知识型脚本的重点在于告诉客户为什么买（卖）房、如何买（卖）房等，让客户从短视频中感受到你的专业。这种脚本的文案一般要简洁明了，直接讲重点，解决客户的问题，太长的文案会导致短视频时长较长，影响完播率。

脚本一：如何买新房更划算？

第一，开盘前买新房会有折扣。多数新楼盘在开盘前会试探市场，释放一定的折扣。

第二，抓住新盘清盘的实惠期。当新楼盘的销售量达到80%时，可以考虑入手，同时注意多跟销售人员联系，留意促销信息。

第三，找房地产中介参加团购活动。为尽快回笼资金，开发商会找中介渠道做团购，要抓住这样的时机。

脚本二：为什么要选择国庆节前买房？

第一，因为开发商要冲月度、季度业绩，所以会在国庆节前释放特价房或相关折扣。虽然国庆节期间也有各种购房优惠，但买房的人多，可供选择的不多。

第二，为避开国庆节期间业主外出旅游或走亲访友，没时间办理二手房相关手续，所以会在节前购买。同时，节前买房能为办手续、装修、购置家具家电等预留一定的时间，确保年底入住。

第三，国庆节前看房时间多、房源选择多、议价空间大；这里还建议，不管买新房还是二手房，都要找房地产经纪人，省时、省力、省心。

脚本三：女生买房的三大攻略

第一，优先考虑精装房。因为毛坯房装修比较麻烦，同时不要选择面积太大的房子，不方便打扫和出租转手。现代女性都非常独立，她们希望能够在生活中有主动权，所以越来越多的女性选择买房。

第二，重点考虑安全问题。在买房之前一定要了解小区周边治安情况以及安保、物业服务等情况。

第三，关键考虑地段问题。小区的配套要相对完善，商场、影院、餐饮、医院、学校等场所要配备齐全。

上述三个脚本，加上开头和结尾，就可以作为一条房地产知识口播内容。

（2）人物情感型脚本

人物情感型脚本的重点在于突出“情感”，从细节上打动粉丝，从亲情、友情、爱情上引发粉丝的情感共鸣。这种类型的短视频通常会配合一定的场景或故事情节，同时也考验房地产经纪人在声音、表情、动作等方面的表现能力。

脚本：万千灯火，总有一个是我的家！

（家庭情感类背景音乐响起……）

昏暗的路灯下，一个房地产经纪人看着手机屏幕，屏幕上显示：中秋节前 2 天晚上 8 点。此时，手机显示妈妈来电，房地产经纪人立刻面带微笑接通电话。

儿子：“妈，您吃饭了吗？”

妈妈：“吃了，儿子，妈今天去市场买了很多过节的东西，就想打个电话问你今年回不回家过节，你已经七年没在家过节了。”

儿子：“妈，今年我还是不回去了，这几天很多客户约我看××楼盘的房子，中秋节肯定会很忙。”

妈妈：“好的，儿子。”（声音略显低沉，能感受到妈妈的失望）

儿子：“妈，您跟爸多买点好吃的，回头我再寄点生活费给你们。”

妈妈：“儿子，你也要好好照顾自己，买些好吃的。”

儿子：“妈，您放心，我今晚买了一只鸡，一半炖、一半焖，

（嘴里啃着馒头，手里拿着楼盘传单，坐在路灯下，眼角已经湿润）吃饱了努力卖楼赚钱，我想在我卖的楼盘买一套大户型，把您和我爸都接到城里来住。”

妈妈：“你也别给自己太大压力，妈妈没有太多要求。”

儿子：“好的，妈，我要去喝鸡汤了，不然就凉了，您跟我爸好好照顾自己。”（话音刚落，双手捂着脸三秒钟，然后放开手仰天大喊）

这个短视频很适合在中秋节前夕发布，用亲情引发粉丝的情感共鸣，并把房地产经纪人经营的楼盘植入场景中，把潜在客户奋斗买房，渴望给家人更好的生活的情绪激发了出来。

（3）剧情类脚本

剧情类脚本的重点在于剧情，一般会涉及开头、高潮和结尾。用短视频做剧情类内容，最重要的是“快”，不能像传统方式一样，一个镜头用几十秒乃至几分钟表现。如果剧情稍长，建议分成几集，一方面提升播放量，一方面带动其他短视频流量。剧情类短视频关键要在开头吸引目标群体，将高潮前置，结尾再制造共鸣或反转。

脚本：为什么结婚前要买房？

经纪人：“小哥哥，看什么房呢？”

客户：“买什么房能求婚成功？”

经纪人：“哎哟，我的妈呀，这么跟你说吧，如果方法不对，就是买别墅都没用。求婚就跟打游戏一样，装备、走位、团队，哪项也不能忽视，得有成熟的方案。

装备一定要选对，房子的装备就是配套，住在配套完善的小区，未来生活会更加美满。小区圆圆的草坪见证你的爱情，你和爱人每天可以牵手在这里兜风，一圈又一圈，你们望着天空数星星、看月亮，相知相恋的场景回荡在脑海。

小区这套装备选对了，接下来就是走位了，来，我们进房看看。”

客户：“哎呀，这两房一厅也太小了！”

经纪人：“你明天带她过来再看一次房，进屋就跟她说，‘这房子跟我一样，心里就这么大点地方，装下你就装不下别人了’。

接下来就是团队配合了，让你那些在楼下准备好的兄弟全都上来，有人放礼炮，有人喷彩炮，能唱的唱，能跳的跳，把气氛烘托起来，紧接着你手捧鲜花出现她在面前，单膝跪地，深情地大声说出‘嫁给我’。”

通常，剧情类脚本开篇可以设置悬念或情节冲突，吸引目标群体观看，然后通过剧情的演绎，让人有一种带入感，把自己融入剧情，并在结尾给人意犹未尽的感觉。

（4）故事型脚本

以前，在带客户看房时，房地产经纪人经常会给客户讲业主的故事，以此来影响客户的购房决策；现在，可以从客户开发阶段就引入短视频，潜移默化地给客户心理暗示，让客户认可我们，选择跟我们买房。

脚本：我和王姐相识一周年纪念日。

王姐，晓看天色，暮看云。行也思君，坐也思君。

今天是我与您相识一周年的日子，一年前的今天，您跟您老公来到我们门店找我买房，穿着一身红色的衣服，很是喜庆。当天，我带您二位看了三套××小区的房，就定下了其中一套。

那时，我刚入职半个月，非常感谢您对我的信任，让我在这个行业里坚持下来。现在，我每天都关注您的朋友圈，看您经常出差，您一定非常敬业。我要以您为榜样，继续奋斗。

感谢王姐，如果有幸您能刷到这条短视频，您的点赞是对我莫大的鼓励！

这条短视频回顾了客户买房的真实经历，并表达了房地产经纪人的真情实感。如果客户看到这样的短视频，无论是当事客户，还是其他客户，都很容易被打动，也很自然地拉近了双方的关系。

（5）探房类脚本

短视频催生出了很多吸引客户的表达形式，画面拥有更直观的表达效果，也比文字更生动。特别是探房类短视频，它产生的效果已经远远不是传统的房源讲解模式所能企及的。

脚本：老爸住在××小区到底是什么样的体验？

这几天，有粉丝私信我，要在××小区给老爸买套房。今天，就让你感受一下老爸住在××小区到底是什么样的体验。走！

清晨，阳光亲吻着花儿和小草（比个飞吻），老爸走在小区的绿道上，清新的空气让人神清气爽（深吸一口，露出沉醉的表情）。沿着小区内部道路走一圈，慢步伐走出长寿路。

运动完，到小区门口的菜市场购买新鲜的肉和菜，回家和家人一起吃个阳光早餐，开启幸福的一天。

儿子、儿媳上班，孙子、孙女上学，老爸陪着老妈在阳台暖洋洋的阳光下，品茶谈人生。

一壶茶的时间，已是上午9点半，老爸下楼到小区凉亭跟三五棋友畅享对弈的快乐。

快到这里来吧，让老爸福寿安康每一年，喜乐绵长每一天。评论区告诉我，你老爸是不是也喜欢这样的小区。

这个短视频通过“老爸”的生活场景带入，展现小区的环境与房源优势，把家庭生活融入画面，引发共鸣；结尾处互动升华主题，增加互动；整个视频配上音乐渲染氛围，让更多围观的“儿女”跃跃欲试，想要找你了解房源。

3. 写出爆款文案的三个心法

视频号的文案跟拍摄、剪辑同样重要，下面是写出好文案的三个心法：

（1）多研究

要想在短时间内高效率产出短视频文案，就得站在优秀的竞争对手的肩膀上，变得比优秀的人更优秀。无论做什么类型的账号，至少要关注 50 个同类型的账号，研究别人的选题、内容等，并结合自己的楼盘和经验，写出更吸引粉丝的文案。

（2）多学习

请教写文案的专业人士，是耗费时间最少、效率最高的学习途径，因为专业人士既有专业知识，又有丰富的实战经验。专业人士可以是身边的人，也可以是在线课程的老师。当然，也可以购买相关的文案书籍或课程，学习之后总结出一套自己的文案创作方法。

（3）多实践

要想写好文案，三分靠看、七分靠写。好内容是需要打磨的，无论是标题，还是正文内容。写标题时可以先问问自己，如果我刷到这条短视频，会不会感兴趣？如果感兴趣，原因是什么？如果不感兴趣，原因是什么？内容结构是怎样的？开头以哪句话吸引粉丝的注意力？怎样才能引导粉丝看到最后？

好的内容不是你觉得好的，而是粉丝认为好的。我们可以通过发布短视频之后的数据表现验证文案的效果，并不断总结经验，做出高质量、高转化率的文案。

4. 房源短视频广告文案创作技巧

房源短视频广告文案创作对房地产经纪人来说，是机会也是挑战。这不同于以往的端口房源描述，也不同于微信朋友圈的硬广告文案，规规矩矩的房源描述广告拍摄出来的短视频流量是非常有限的，房源短视频广告文案不仅要是一种理性的房源描述，更需要感性的案例。

（1）明确创作目的，把握整体条理

房源短视频广告要引导客户咨询，转化为带看，最终把房子卖出去，实现销售。因此，在准备短视频脚本的过程中，不能因为追求新、奇、特忽视销售本质，也不能为了追求销售本质，忽视脚本的趣味性和主播风格的塑造。

房源短视频广告常用的表现形式有探房、口播、剧情等，无论哪种形式，都需要有清晰的主线，激发粉丝兴趣，更好提升短视频的完播率。

通常，房源短视频广告可以使用以下三种主线：

①时间顺序。通过时间轴来表现地段、楼盘、业主以及客户的变化，让客户对商圈、楼盘、房源等有新的认识，他们也会因为各种变化对楼盘产生兴趣。

②空间变化。一套房源给客户带来的不仅仅是房源信息，还有小区环境、配套以及楼盘周边配套、交通设施、地段价值等。一般人买房都会优先考虑地段、商圈、配套等，然后再考虑楼盘本身的

配套、小区氛围、园林景观等，最后才会想到户型、楼层、朝向等。

所以，在房源短视频广告中，无论是小区的人文环境，还是业主的生活方式，都要贯穿于短视频中，要想办法从各方面体现出来。

③虚实结合。如果短视频内容仅仅进行房源或楼盘解说，就会显得枯燥，房地产经纪人必须学会从精神层面诠释房源价值、配套设施等，让目标群体通过楼盘的硬件配套得到精神满足。

（2）转换思维模式，引导粉丝需求

房源短视频广告要想达到最佳销售目标，并在推广房源的同时，提升房地产经纪人的专业影响力，必须在文案中融入一些有特色的表现手法，通过挖掘房源卖点，引导粉丝需求。

①以小见大。例如，在设计短视频脚本时，可以从不太引人注意的楼栋大门门把手卫生入手，以小见大，通过业主生活场景的呈现，展示小区物业对业主无微不至的关怀。

②以人为本。不同楼盘，面对的是不同的目标客户群体，教师、公务员、白领……他们的购房动机各不相同。我们可以以他们的不同需求为出发点，创造文案剧本，吸引潜在目标客户。

③以新为矢。唯有创新，才能跟上短视频发展的步伐，标新立异让粉丝耳目一新。比如，室内餐厅不够大，可以告诉粉丝，小区门口几十家餐厅就是您家的餐厅，各种菜式应有尽有；再比如，主卧没有衣帽间或者衣柜很小，可以告诉粉丝，小区门口各类品牌服装店就是您家的衣柜。

（3）突出粉丝利益，主题高潮前置

在房源短视频广告中，要告诉大家之所以选择这个房源、这个小区或是这个商圈，是因为户型好、楼层好、朝向好，还是环境好、物业好、业主素质好，再或者是地段好、交通便利、周边配套完善等。短视频内容编排中突出的利益点要切实能够打动粉丝，这个利益点最好是独一无二的，并能引起粉丝的共鸣。

房源短视频广告内容要主次分明，需要重点突出的卖点要尽量前置；不是特别有吸引力的卖点要精简、精简，再精简，因为文案精简，才能控制短视频时长，提高观看量，还能给粉丝留下悬念，吸引他们咨询或到线下看房，以促成交易。如果卖点比较多，可以做成系列短视频，分期推送。

房源短视频广告要想吸引人，除了要有强烈的视觉冲击力，精彩的文案也不可或缺。在房源短视频广告中，房地产经纪人除了要把卖点讲清楚，还要注重卖点的表达，避免平铺直叙，要用引人入胜的方式引导粉丝看完。所以，不仅短视频标题要能引起粉丝兴趣，内容也要升级，让粉丝能够身临其境地感受买房后的美好生活场景，比如要体现交通的便利性，单纯讲距离就会显得平淡，如果将其比喻为客户拥有辉煌前程的梦想之路就生动得多。

总之，制作房源短视频广告要讲究方法，同时要创新表现形式，尤其是文案的写作。要想在房源短视频广告中脱颖而出，必须多积累，善总结，勤学习。

5. 把握房源短视频广告文案尺度

房源短视频广告要吸引客户眼球，就不能平平淡淡地描述，要不断尝试新的创意，但是，必须在遵守法律法规的底线下开展短视频营销工作，注意把握文案的尺度。

（1）遵纪守法

因为房地产广告的特殊性，在楼盘推广中会涉及首付、贷款、房产年限、楼盘地段、学区配套等相关问题，所以短视频的制作、发布都要遵守《中华人民共和国广告法》及房地产相关政策规定，在遵守法律法规的基础上进行宣传。

（2）语言通俗

房源短视频广告文案要尽量避免使用晦涩、生硬的专业名词，要使用让粉丝一听就懂的语言表达。

（3）生动活泼

房源短视频广告文案要贴近房源，不要生搬硬套，更不要故弄玄虚，要生动活泼地体现房源品质与客户的居住体验。

（4）真诚感人

在房源短视频广告中描述地段、楼盘等相关配套的时候，可以给予粉丝想象的空间，以满足他们的心理预期，以此吸引潜在客户，但要避免说大话让人反感，更不要自我吹嘘，进行虚假承诺。

（5）追求个性

录制房源短视频广告时，可以使用方言或其他有特色的表达方式，在内容、句式、语气、用词等方面都可以追求个性，以求从众多短视频中脱颖而出。但是一定要了解粉丝的年龄、文化水平、地域差异等，保证你的表达方式能够让他们接受。

（三）短视频的剪辑

制作一个好的短视频需要从好的脚本入手，好的脚本内容丰富、逻辑清晰，且具有故事性，也是成功剪辑的基础。短视频剪辑是一项技术活，也是一门艺术，房地产经纪人需要对故事情节、人物性格、场景氛围进行精心组合，才能剪出有流量、有销量的短视频。

1. 版面设计

在剪辑短视频时，大多数房地产经纪人都会忽略的一点就是封面，别看只是一个小封面，却起着很大的作用。粉丝点进账号主页，第一眼就会看到封面，如果封面设置得足够吸引人，也会提升关注度。所以，你需要在短视频的封面设计上下功夫，在色系、字体等方面与短视频形成统一风格。

（1）封面文字

封面文字主要是指短视频封面标题，在剪辑时要考虑封面标题的视觉呈现效果，不要遮挡主要画面，特别是人物画面。

叙述式的标题一般用来简短介绍短视频内容，通常用第一人称进行总结，可以配上短视频主角形象或最有吸引力的一帧画面；悬念式标题让人引发联想，渴望在短视频里寻找答案，要与短视频主体内容有关联；热点式标题要能准确地蹭热点，但要把握尺度，避免侵权行为的发生。

标题尽量选择简洁大方的字体，不要太过花哨、复杂，可以用不同颜色标注关键词，但一般以不超过三种为宜。

（2）封面画面

如果短视频封面的视觉效果好，能让人赏心悦目，可以迅速吸引粉丝注意力，触动粉丝内心，从而让粉丝进入主页，一一浏览短视频作品；也可以把整个短视频中最重要或最有吸引力的一帧画面当作封面，这样给粉丝的感觉更加直截了当，让粉丝更准确地了解核心信息。

同时，短视频的背景颜色要和短视频拍摄风格相统一，可以用蓝色、黄色、橙色等比较鲜艳的颜色作为背景。

（3）滚动字幕

短视频的字幕应尽量使用简洁、大方的字体，要跟其他文字形成鲜明对比，关键词语要更加突出，可以使用不同颜色的字或贴纸。

短视频版面设计中的每个环节都有重要作用，有些细节看似不起眼，却影响点击率和完播率。所以，要从细节之处提升短视频的品质，让粉丝真正有所收获，并持续关注。

2. 时长控制

短视频的完播就是让粉丝在播放完成之前不划走，要做到完播，一方面，短视频的内容要有吸引力、有共鸣、有悬念，激发粉丝好奇心；另一方面，要控制时长，让粉丝没有反应时间就看完了。

在做短视频剪辑时，要学会取舍，比如，将一些空镜头、不必要的人物对话删掉，或者调整帧数，用快、慢镜头结合的方式把控场景等，这些都是控制短视频时长不错的方法。

我在房地产经纪人短视频培训课程上经常强调：你们的短视频距离火爆出圈只有不到一秒钟。我看过很多房地产经纪人做的短视频，内容都很不错，但大多都没有看完，因为时间太长，一个探房短视频只有很好地设置亮点，把控每一个场景的时长，并学会运用转场，给粉丝带来新鲜感，才能留住粉丝，提高完播率。

我分析过很多房地产经纪人的短视频数据，特别是探房短视频数据，通常，一分钟以内的探房短视频是比较理想的，当然，如果探房行程设计得足够合理，把一分钟的探房短视频分成两段至三段发布，播放量一定会比一个视频高，所以，控制时长不仅可以提高完播率，还能提高播放量。

越短的视频，完播率越高，但是太短的视频内容又比较少，将时长控制在15~30秒是比较合适的。如果你做的是房地产知识类视频或楼盘、商圈精耕，可以将一个主题分成几个小主题，以系列来完成发布。

3. 效果运用

很多房地产经纪人短视频推送的房源还是不错的，画面、文案也都中规中矩，但分析数据的时候发现，点赞数量、播放数量、粉丝数量这些基础数据往往跟房源质量不成正比，算法算不出你的房源质量！所以，要提高短视频的完播率和互动率，还要在剪辑过程中运用效果。

为了增加短视频的趣味性，需要房地产经纪人在剪辑时做一些效果呈现的设计，比如添加表情包、贴纸、音频音效、转场视频等，让短视频每隔几秒钟就能再次吸引粉丝的注意力。

（1）表情包或贴纸

可以根据情节、人物表现、场景等，在短视频中适当添加表情包或贴纸来表达感情，营造氛围，释放情绪。

（2）音频音效

探房、口播、剧情等类型的短视频都可以使用背景音乐，渲染场景氛围，尽量选择流行音乐或大家熟悉的音乐，一定要控制好音量，不要喧宾夺主。同时，在剧情需要表现时间等待、接听电话、手机转账等情节时，可以添加“时间流逝”“电话提醒”“消息提醒”“微信转账”等音效；当需要表达正确、震撼等情绪时，可以添加“打卡成功”“真香”等音效。

（3）转场片段

第一，情绪爆梗。在短视频有笑点或娱乐爆梗时，可以添加相应的视频片段。

第二，时间片段。在短视频有时间过渡时，可以添加时间视频片段。

第三，过渡片段。在短视频情节出现反转时，可以添加如电视闭路声音“哔……”的视频片段，衔接不同内容。

四、短视频发布有技巧

一个视频号每天可以发布多个短视频，操作非常简单，进入个人账号主页，点击“发表视频”，选择手机相册里制作好的作品即可。发布短视频的时长在1~30分钟，也支持发布9张以内的图片。

接下来需要添加描述，所在位置、扩展链接、活动等项目，可以有选择地添加一个或多个，最后点击“发表”即可。

除了可以在手机端通过视频号发布短视频，在PC端也可以通过视频号助手发布短视频。但是，不建议手机拍摄视频后就直接发布，最好使用软件剪辑之后再发布，以保证视频的质量。一般情况下，使用手机拍摄视频、剪辑视频就能满足要求，只要注意横屏或竖屏即可，建议一个账号上的短视频都采用横屏或都采用竖屏拍摄，方便粉丝浏览，也保证作品呈现的统一性。

1. 视频号对上传视频的要求

（1）竖屏模式，要求分辨率是1080ppi×1260ppi，建议宽高比为6：7。

（2）横屏模式，要求分辨率是1080ppi×608ppi，建议宽高比为16：9。

（3）宽高比在6：7至16：9的视频都可以直接发布，超出这个范围的视频会被平台自动裁剪。若是手机拍摄，建议以横屏模式拍摄，如果想以竖屏模式拍摄，建议使用1∶1的比例拍摄，避免被平台自动裁剪视频尺寸，影响观看效果。

2. 视频号对上传图片的要求

（1）图片分辨率及尺寸要求。竖屏图片要求分辨率是1080ppi×1260ppi，建议宽高比为6∶7；横屏图片要求分辨率是1080ppi×608ppi，建议宽高比为16∶9。

宽高比在6∶7至16∶9的图片可以直接发布，包括宽高比为1∶1的方形图片，超出这个范围的图片会被平台自动裁剪。

（2）在上传多张图片时，系统会按照第一张图片的尺寸及比例对其他图片进行相应的裁剪。

（3）图片数量要求。视频号暂不支持“动图”功能。视频号要求每次发布的图片数量在9张以内，如果是多图，可以左右滑动手机屏幕，依次展示所有图片。

3. 选择竖屏模式还是横屏模式

（1）竖屏视频视觉冲击力强，人物呈现效果好，适合探房或剧情类的短视频，尤其是视频中有人物出现时，建议使用竖屏模式。

（2）横屏视频更能营造画面的层次感，适合播放楼盘景观，记录客户或业主生活以及房地产经纪人的日常。

（3）在视频号上发布短视频，建议使用横屏模式，更符合视频号对视频尺寸的要求，也便于加字幕，让粉丝第一眼就能直观地了解接下来要讲什么。

4. 利用视频号发布文案的技巧

在视频号中发布动态，可以添加适当的话题标签。添加方法：

在“添加描述”中选择“#”，即可添加话题标签，可以选择热门的标签，有利于流量获取，也可以选择跟内容有关的标签。

相较于其他短视频平台，视频号对文案字数的要求宽松很多。1分钟以内的短视频文案，包含所带话题和@他人在内，字数不超过1000字即可；1分钟以上的长视频，包含所带话题和@他人在内，字数不超过100字即可。粉丝在观看视频时，一般只会显示两行文字，所以，建议将文案控制在20字以内，如果视频带链接，可以省略文案。

同时，要注意三个“不要”：一是发布的文案不要直接用视频上的标题，避免文字重复出现，会显得累赘；二是不要为了吸引粉丝，过度渲染文案，造成诱导；三是不要频繁@他人，会让人反感，还有被限流的风险。

那么，如何写好短视频文案呢？房地产经纪人可以采用以下四种方式：

（1）总结式文案。如果能在短视频中总结买楼方法和技巧，或者盘点楼盘及房源，很容易吸引粉丝留下来完成观看。比如：“××市最值得买的楼盘清单”“××市最全楼市资讯合集”“盘点买楼最容易遇到的十个问题”。

（2）数字式文案。在文案中添加阿拉伯数字能突出重点，让人眼前一亮，同时与汉字形成强烈对比，增强文字的说服力。数字也可以引发粉丝的好奇心，从而观看视频，甚至看完视频。比如“精耕××楼盘7年，我拍下小区501个美丽清晨……”“男人过了35岁，最少要买1套房的3个理由”。

（3）提问式文案。这类文案通常用疑问句或反问句的形式，通过预留开放式问题，增加与粉丝的互动，比如“你买楼还遇到过什么问题？记得在评论区告诉我”，互动的同时还能巧妙地引导粉丝点赞、评论和转发等。

（4）叙述式文案。通过简单的文案，描述短视频的主要内容，这类文案多用于剧情类短视频，类似节目预告，吸引粉丝点击观看。

（5）对比式文案。这种方式既能引发粉丝的好奇心，又能给粉丝带来些许紧迫感。同时，通过对比的方式，还能让粉丝有代入感，引发更多互动话题。比如“选择楼层时，99%的人都会遇到的3个问题，你遇到过几个”“主卧2㎡的飘窗，99%的人都不知道如何有效利用”“买房和不买房的差别，99%的人都不知道”。

5. 巧妙利用位置

发布短视频时，一定要标记位置，这样有利于吸引本地粉丝看到房源短视频广告。

6. 利用扩展链接

在发布短视频时，下方有一个“扩展链接”，可以添加公众号文章以及由视频号小商店生成的链接。

经营微信公众号的房地产经纪人，可以在视频下方添加与内容相关的公众号文章，引导粉丝点开文章链接。在文章中植入房源小程序，留下微信或其他联系方式，以此与客户建立联系。

同时，视频号小商店支持一键生成商品视频和带货链接，这对于想要“带房”的房地产经纪人来说无疑是一个销售转化的好机会，可以用“同款”字样提醒粉丝点击链接。需要说明的是，如果通过手机端发布短视频，无论是公众号链接，还是商品链接，发布前要将链接复制好，上传视频后再粘贴链接。

7. 及时转发、分享

短视频发布后，要主动分享到朋友圈或者分享给微信好友，吸引更多好友观看、点赞，这属于私域流量，有助于转化成公域流量。

五、短视频发布注意事项

1. 电脑端发布的短视频更清晰

房地产经纪人在视频号上发布短视频可以选择手机端发布，也可以选择电脑端登录视频号助手发布。经过对比测试发现，在电脑端发布的短视频不会被压缩，清晰度更高，呈现效果更好。但是，在电脑端发布的短视频上传后无法进行编辑和调整，并且上传和发布耗费的时间较长，不如在手机端灵活。

2. 手机端发布的短视频可以编辑

在手机端发布的短视频可以直接进行编辑美化，有些口播类短视频可以在上传时添加表情、音乐、字幕等，一键满足基本的剪辑需求。

3. 避免违规行为的发生

与短视频相关的违规行为主要有以下几种：

（1）透露联系方式。房地产经纪人经常把手机号码放在短视频画面上或者短视频文案里，这样很容易被平台识别成泄露隐私或广告。

（2）诱导行为。通过输送利益、派发红包、胁迫等手段诱导粉丝分享、点赞和关注的行为，被称为诱导行为，这样的行为要规避，以免对视频号的运营产生影响。正常的引导大家关注的行为是可以的。

（3）敏感用词。视频或图片中含有“下载”“登录”“注册”等词，都有可能被视为敏感用词，要尽量避免。

（4）侵权行为。房地产经纪人在制作短视频时可以模仿他人，但不要照搬，尽量自己创作，这样才能真正提升新媒体运作能力。

（5）不当言论。不当言论包括不当评论和不当互动，不要在短时间内频繁评论和点赞他人的作品，否则会被平台判定为违规操作。

第四章　如何有效提升视频号流量

内容是提升短视频流量与涨粉的核心，从私域流量进入公域流量，一定要靠优质内容，一旦进入公域流量，粉丝的点赞量会非常惊人。90%以上的房地产经纪人做视频号一段时间之后，更新频率会持续下降，甚至断更，绝大多数原因是内容枯竭，所以只要你能坚持半年以上，就能超过绝大部分竞争对手。这里说的涨粉是涨目标客户，而不是泛粉，泛粉对于大多数房地产经纪人来说没有特别大的意义。

短视频发布后，需要有效地运营和推广，才能更好、更快地出圈。视频号的推荐机制是点赞就会推荐给朋友，朋友点赞又会推荐给朋友的朋友，所以创作出优质内容，在流量机制的加持下，一定可以赢得更多流量，跑赢竞争对手，从而获得更多销量。

一、视频号涨粉三大策略

依托 12 亿微信用户资源，视频号区别于其他短视频平台的是，打破了创作者与受众之间的社交“壁垒”，建立起一种熟人间的传播规则，即用户每一次点赞都能引发熟人社交圈的一次传播。视频号的巨大私域流量让很多房地产经纪人都瞄准了这块宝地。粉丝数量和涨粉速度是衡量视频号层次的标准之一，房地产经纪人把握以下三大策略可以有效涨粉。

1. 内容是第一资源

“好看的皮囊千篇一律，有趣的灵魂万里挑一”，用这句话形容当下短视频信息过载的竞争生态同样贴切。从传统媒体到新媒体，优质内容永远处于核心地位，“内容为王”这条铁律即使在技术快速迭代的短视频时代也不会过时，只是对内容提供者提出了更高的要求。所以，视频号要想持续且稳定地涨粉，增加潜在客户，做好内容是第一策略。

（1）聚焦

一些房地产经纪人的视频号存在定位不精准的问题，他们大多是看什么类型的视频“火”就跟风做什么，这样虽然也能获得不错的流量，增加一些粉丝，但流量并不精准，导致平台推送的流量也不精准，很有可能给你推送了大量没有买房意愿的客户。所以，视频号内容要聚焦且精准，持续输出房地产领域的优质内容，让自己的账号在同类账号中脱颖而出，才能得到更多潜在买房客户的关注。

第一，要聚焦区域。包括区域的发展、楼市的发展等，视频里可以多次出现区域名称，有利于算法把你的内容推荐给关注该区域的粉丝，引起他们的关注，给你带来精准的受众。

第二，要聚焦房产。要在内容连续性上进行设计，吸引受众关注。比如，针对区域的楼盘，可以做一个“房源库”系列，按照楼盘、价位、面积等分类，在封面标题中突出显示。这种成系列设计的房源，客户只要点击任何一套房源，就会知道你有很多房源，并到你的账号主页一次性把该区域的房源看个够。

房地产知识类短视频、剧情类短视频也可以照此方法进行设计。同时，要把账号上非房地产类的短视频隐藏，保持账号作品的整齐划一。

第三，要聚焦人群。视频中必须出现三个人物，即你、业主和客户，你是主角，业主和客户是配角。只有通过人吸引人，才会有越来越多的铁杆粉丝，甚至是稳定且精准的客户群体。

（2）专业

房地产经纪人视频号的专业性和权威性是建立客户信任感的关键，也是为客户提供服务和价值的基础。除了房源信息，房地产知识口播也能体现我们的专业性，对客户来说也会有所收获，如果能够做出爆款，涨粉速度会更快。切记一定要把知识分享做深做透，蜻蜓点水似的分享效果不会太好。你可以把房地产知识做成“买房十万个为什么”，拍摄制作十万条口播短视频，客户想要了解任何关于买房的知识，在你的账号上都能找到，还可以分享给身边需要的亲戚、朋友，从而让你的视频号在行业内形成很好的口碑，粉丝量也会噌噌噌往上涨。

（3）创新

每个时间段、每个客户群体喜欢的题材是不一样的，房地产经纪人要想让有效潜在客户稳定增长，可以用“以房找客”的方式设计内容，吸引潜在客户的关注。比如，卖两居室婚房，可以配上《结婚进行曲》作为背景音乐；每月更新短视频呈现方式，增加热点元素，给粉丝新鲜的体验，吸引粉丝持续关注。

2. 利益是第一动力

除了要对内容进行打磨，房地产经纪人在运营视频号时，还要结合销售活动，给粉丝送福利，增加蓄客量。

（1）关注领福利

关注领福利分两种方式：线上可以将它写在个人简介里，提供一些虚拟福利，比如《区域买房报告》之类的，方便线上发送，又节省成本；线下可以结合推广活动，把视频号二维码打印出来让别人扫码关注，附送一些小礼物。

（2）转发送福利

房地产经纪人要有效利用视频号的传播机制，不仅要通过自己的社交圈传播，还要经营好微信好友的社交圈，鼓励更多人转发你的短视频，以获得稳定的粉丝增长。可以用送福利的方式激发微信粉丝转发短视频的欲望，比如转发短视频到朋友圈集赞获好礼，提升房源的曝光率。这种引导会间接提高视频号的浏览量和涨粉量。

（3）粉丝有特权

成为你的视频号的粉丝，可以享有一定的特权，比如新房内部特供房名额。房地产经纪人要经常把“宠粉”的福利发布到评论区，或者在视频中反复提醒大家关注你的视频号，这些方法也有助于增加粉丝量。

3. 直播是第一意识

利用好视频号的直播功能，能够达到比短视频更好的涨粉效果。视频号直播能够被更多同城用户看到，分类也更加垂直。因为视频号会优先推荐本地直播给用户，对于房地产经纪人来说，本地用户变成潜在客户的可能性更大，所以通过直播能够获得更多公域流量，也是拓展新客户的有效方法。

对于刚进入视频号的房地产经纪人来说，直播是一个很好的出圈机会。直播做得好，就能够让你的账号出现在直播广场“推荐”板块。同时，通过直播活动引导用户将直播间转发到微信群和朋友圈，会为直播间带来更多陌生观众，创造增粉的机会。另外，基于地理位置推荐机制与社交推荐机制，粉丝还可以通过直播间进入你的主页，为你的短视频点赞、评论，甚至在他的社交圈传播，为你带来更多的新流量。

二、视频号涨粉的六大渠道

1. 短视频引流

（1）短视频数据优化

①提高短视频完播率

平时在浏览视频号上的短视频时我们会发现，当短视频播放完时，凡是还没有关注账号的，在账号头像旁边会出现带有“关注”两字的绿色按钮，提示你关注该账号；如果短视频超过 1 分钟，那么只要观看时长超过 1 分钟，账号头像旁边也会出现带有“关注”两字的绿色按钮。视频号这样设计既可以提升账号的关注率，也可以更加精准地掌握用户是否对你发布的内容感兴趣。

②提高短视频互动率

你的短视频能否进入更大的流量池是由算法决定的，这个算法是互动率×完播率。互动率=（点赞+评论+转发+收藏）/播放量，其中评论所占的权重比较高，所以，做内容时就要设计好评论点，吸引粉丝自发评论。粉丝会不会评论你的短视频，关键还是看你的短视频能不能给他带来足够的价值，让他有评论的欲望和想法。

③增加点赞、转发、收藏

你用什么方式呈现内容，你的粉丝就会以什么方式给你点赞、转发并收藏，所以，要持续不断地输出粉丝喜欢的内容，增加房源曝光率。

（2）视频号多个位置引导关注

①主页引导关注

在主页上添加有吸引力的简介，以及能够引导用户关注的文案，这是比较简单的引导方式。主页简介怎么写已经在前面章节分享过了。

②发布文案引导关注

文案引导看似不起眼，也能起到关键作用，可以在短视频文案中加一句“点击顶部关注我，省钱买好房”！

③在短视频中设置引导关注画面

可以通过短视频封面，或者在剪辑的时候留 1 秒钟提示关注画面，再或者在短视频结尾加一句“别忘了关注我哦”“关注我，每天给你推荐一套好房”等类似语言。

④评论区引导关注

这个方法类似于文案引导，不过评论区引导可以进行一对一回复。

⑤私信引导关注

对于已经成为微信好友的那些人，特别是业主、客户、亲戚朋友，可以先看看他们有没有开通视频号，如果开通了，就先关注他们，再私信以获得他们的关注。

（3）其他视频号引流

①在爆款短视频评论区吸引关注

找到推荐页上那些有你需要的粉丝的爆款短视频，一般首选本地爆款短视频，如果你也做外地客户，也可以找外地爆款短视频，这个根据你的客户群体而定。可以在爆款短视频评论区写高质量评论，用别人的流量带动自己的流量。推荐页上的爆款短视频浏览量都是几万到几亿不等的，优秀的评论、点赞也都是好几万，一定能够给自己的账号引流。要特别注意的是，评论时记得切换到视频号身份（也就是圆形头像），因为用微信身份登录，别人无法看见你的视频号。

②在同行账号评论区吸引关注

在一些做房地产口播的大号的评论区，经常会有人评论，我们可以跟这些发评论的人互动，将他们引流到自己的账号。从这个渠道获得的粉丝，一般都特别精准。

另外，平时可以多刷一刷同行或同类型的视频号，特别是本地的同行账号，看看在他们的评论区粉丝都会问什么问题或者关注哪些房源，我们可以用同样的内容或房源吸引这些粉丝，也可以跟这些粉丝互相关注，从整体上看，这些粉丝还是比较有买房意向的。

③通过@别人引流曝光引导关注

很多大号经常会被搜索，如果你在发布短视频时@大号，就有机会在被搜索页面曝光，说不定就能被关注。另外，也可以在文案中经常@自己的粉丝，做曝光引流。值得注意的是，@账号一次不要超过三个，一次@多个账号会被判定为恶意打扰他人，可能会被惩罚，而且反复@别人也会引起反感。

（4）标记同城位置引流

同城位置有专门的流量曝光位置，如果能够配合吸引人的封面，也是很好的曝光机会。

（5）热点话题引流

视频号官方经常组织话题活动，并且会给一定的流量曝光，我们可以利用这样的机会创作带有同样话题的内容，多参与话题就有更多曝光和被推荐的机会。但要注意，你参与的话题最好能跟房地产有点关系。

2. 个人微信推广

基于视频号的社交推荐机制，将视频号作品转发到朋友圈、微信群或者私信给微信好友，是最简单的推广方式。注意转发的时候，要写好文案，以提高短视频的点击率。

通过宣传海报引导粉丝关注你的视频号也是一种有效的方法。做海报时，除了视频号二维码，最好把个人简介以及关注视频号能够得到的好处写清楚，这样更能激发粉丝的观看兴趣。因为微信好友关系的强弱不同，所以要采用不同的推广策略。

（1）个人微信名片页

“在个人名片上展示视频号”是一个很不错的功能，可以在主页上进行设置，点击“视频号”进入账号主页，点击右上角的“…”，打开“在个人名片上展示视频号”，即可在个人名片页面展示该微信对应的视频号，其他视频号不能展示到这个页面上。通过这个页面，用户的好友也能看到你的视频号，如果感兴趣就会关注并点赞。

（2）私发

对于关系比较稳定的微信好友，可以通过私信进行推广，但要注意一个细节，如果私信别人后长时间没有得到反馈，就要调整内容或者停一段时间再发。

（3）群发

对于关系没有那么稳定的微信好友，可以采用群发的方式进行推广。将视频号信息设计成推广海报，定期更换内容，测试哪些内容的点击量更多，以便对视频号内容和广告形式进行调整，否则长时间推荐粉丝不感兴趣的内容，很容易被拉黑。

（4）朋友圈

如果你的微信好友足够多，就可以进行朋友圈推广。朋友圈推广的关键在于内容一定要丰富，不同内容满足不同的粉丝；发布的频率一定要高，能用短视频的尽量用短视频，让微信好友和粉丝养成看你的朋友圈和视频号的习惯，切记不要所有内容都是房源广告。

除了将各种内容转发到朋友圈，自己朋友圈的背景图也可以设置为视频号的短视频，微信好友只要打开你的朋友圈往下拉，就可以看视频，并点击进入你的视频号，增加好友关注你的机会。

（5）微信群

微信群中的人都是真实存在的，都有自己的社交圈和自己的微信好友，视频号的算法就是基于社交关系链的，只要视频号里的内容是微信群里的人需要的，就可以得到别人的观看与点赞。这里给房地产经纪人一个建议：在一般的微信群里可以发介绍买房知识或方法的口播内容，以吸引大家观看，但是房源广告类的短视频要稍加控制。

在微信群中推广的最好方法是转发视频号内容，由于视频号目前的版本特性，发送到群里后内容的展示更丰富，标题一目了然，更容易让大家点击，而且视频号本身也鼓励大家分享并进行互动。如果你有自己的微信群，可以每天都把视频号内容发到群里，然后发个红包，让大家观看并点赞；如果你没有自己的微信群，可以借助一些精准推荐的群发送视频号内容，这对播放量的提高很有帮助，对视频号的前期推广也能起到很好的作用。

3. 社交圈推广

除了自己的微信朋友圈，房地产经纪人还可以到别人的社交圈引流，和别人进行互推，或者让身边的亲戚、朋友、同学、客户等帮忙转发到朋友圈或者群发到微信群。需要注意的是，转发的内容质量一定不能太差，不然别人也没有转发的欲望。我们经常强调优质内容才是引发粉丝自动、自发点赞、评论、转发的内在动力，原因也就在此。

4. 微信公众号引流

如果你有自己的微信公众号，并且有一定的粉丝量，就可以通过公众号推广自己的视频号。比如，直接把内容卡片插入公众号，或者放自己的视频号二维码。

公众号和视频号之间可以相互绑定，在公众号详情主页展示视频号内容，在视频号详情主页也可以展示公众号身份。用户在点开公众号头像以后，可以查看绑定的视频号，也可以在观看视频号视频时关注公众号，或者点击头像或昵称信息进入公众号主页。

视频号正在直播时，对应的公众号头像会显示“直播中”，在用户没有关注公众号的情况下，视频号上也会展示公众号身份，并引导粉丝关注公众号，起到互相引流的作用。

5. 视频号直播引流

视频号正在大力发展直播功能，房地产经纪人一定要把握住直播这一趋势。从最开始只有关注页的直播，到现在在微信“发现”页面下有视频号“直播”入口，释放出一个关键信号：直播和短视频同等重要。现在入局视频号直播的房地产经纪人越来越多，直播时能够更直接地引导粉丝进行转发，把别人朋友圈的流量引到直播间，然后再引导他们关注自己的视频号，这是非常有效的引流方式。

直播时，凡是停留 1 分钟以上，但是还没关注视频号的用户，直播界面左上角都会出现一个“关注”按钮，方便用户及时关注，提高关注率。

（1）直播间口播引导关注

房地产经纪人直播时，一定要重复引导进来的用户关注自己，也要给用户一个关注自己的理由。比如，你可以说：“进到直播间的宝宝，如果喜欢今天的直播，请点击头像关注我。”

（2）直播间展示引导关注

直播之前可以打印一张纸，贴在直播背景墙上引导关注；也可以在黑板上手写内容引导关注；如果能够将关注信息设计成图片，在直播间展示，那么引导关注的效果会更好。除了自己展示，还可以让同事、家人等在直播间出镜，帮你举一举“关注牌”之类的。总之，什么方式更容易吸引粉丝关注就用什么方式，同时不断尝试新的方式，提升直播间人气。

（3）直播间连麦加粉

视频号直播中最多支持 6 人同时连麦，连麦时，用户可以随时点击连麦嘉宾头像进入其视频号主页。基于这一功能，房地产经纪人可以多在直播时找同行或朋友连麦，这样连麦者的粉丝也能看到你，并有机会关注你的视频号。

（4）直播时微信群红包加粉

视频号有一个特殊功能，就是直播时在你所在的微信群发红包，但是必须进入直播间的人才能领取红包。这种功能的吸粉效果非常好，能够吸引大量真实用户进入直播间，也是官方支持的一种做法。

（5）利用同城推荐机制引流

房地产经纪人在开直播时要标注自己的位置，这样可以在同城直播中获得曝光的机会。当然，直播间的封面也要设计好，让用户在直播广场看到后有点进去的欲望。

（6）直播间评论区答疑引导

直播时可以通过评论区回复引导用户关注，但是不要直接打“有关必回”字样；也可以通过预告下一期直播时间和内容吸引用户关注；还可以通过分发福利吸引粉丝关注。

6. 其他渠道推广引流

以上五种推广渠道都是基于微信流量的，房地产经纪人还可以结合工作实际，拓展更多流量来源渠道。

（1）第三方平台

小红书、知乎、b 站、今日头条、简书等第三方平台都可以利用。比如，可以搜索房地产类相关问题，帮别人解答问题，然后植入自己的视频号账号，增加流量来源；也可以通过这些渠道分享卖房经验、买房方法以及对楼市的见解等，吸引想买房、卖房的客户群体。

（2）物料推广

工牌、名片、传单、房源展板、个人海报等都可以作为推广物料，在推广物料上印上视频号二维码，让潜在客户通过视频号了解我们的房源信息，如果有感兴趣的房源再添加微信，之后便能够在朋友圈了解房源了。

（3）付费推广

无论个人账号还是企业账号，皆可通过小程序“视频号推广”申请付费推广。简单来说，就是花钱给自己的视频号的单个视频或直播间买曝光率。考虑到房地产经纪人视频号内容相对垂直，有比较明确的人群画像，所以，使用付费推广时要对用户年龄、地域等进行重点筛选。

目前，视频号付费推广功能是有门槛的，不是花钱就能投放的。在投放视频号之前要先开通推广账号，对于个人账号来说，需要满足两个条件：要有符合视频内容的相关行业资质证明和创作者本人的身份信息，后者不难，但前者会将很多人拒之门外；对于企业账号来说，需要满足三个条件：要有符合视频内容的相关行业资质证明、企业营业执照、企业法人身份信息，这些条件对于企业来说比较容易达到。

开通推广账号后，账号主体可以选择自己的某些视频进行推广，按一定比例在朋友圈或视频号展示，还可以自定义投放人群，用于提升视频号的播放量。提交推广申请后，官方会在两个工作日左右完成对推广内容的审核。通过严格的审核流程可以看出，视频号付费推广并没有完全放开，更适合企业账号进行推广。

三、视频号涨粉的三个注意事项

1. 不要过度依赖点赞群

点赞对短视频传播前期的播放量的提升会有一定帮助，所以很多人会为了更好的点赞数据找各种点赞群给短视频点赞。这里需要注意点赞群的人群匹配与精准度，如果仅仅为了提高数据，找的都不是精准的群体，后面给你带来的也不一定是精准的流量。另外，点赞群只能给你一些初始流量，最终还是要靠过硬的内容，才能获得点赞群里这些人的认可和转发。

通过点赞群获得的流量都是比较虚的，绝大多数人对你发的内容并不感兴趣，只是因为你发了红包，或者出于其他迫不得已的原因帮你点赞。我们真正需要的是这些人的微信好友中对你发的内容感兴趣且认可的人的点赞，通过他们的扩散，才能为我们带来更多潜在客户。

2. 不要违规诱导用户

无论是公众号还是视频号，官方都不允许创作者诱导用户点赞、关注、评论。比如，在评论区做点赞活动，前几名能够获得奖励，这种就属于诱导用户；再比如，有的视频中会出现“关注我，今天第×位送×元红包”的字样，就是明显的利益诱导，违规风险很高。

在文案中使用箭头等符号引导用户关注的方式因为没有任何利益诱导，并不违规。判定是否违规，主要看是否存在利益诱导。

3. 不要频繁打扰他人

有些人担心别人看不到他的短视频，为了蹭流量，就频繁@其他人，@很多大号，甚至一条内容反复@很多人，带无关话题恶意引流，类似情况都会被处理。房地产经纪人可以通过@他人的方式获得流量，但是要掌握度，可以@一些熟悉的账号，或者有意向的客户，再或者和你互推的账号；如果想带话题，一般带三个就够了，而且尽量跟房地产相关，这样更能带来精准客户。

四、视频号运营的七个小技巧

1. 如何参与视频号原创计划

视频号原创计划是平台为鼓励创作者坚持做优质原创内容设置的。在视频号主页右上方点击“…”图标就会看到原创计划，可以自主申请。

房地产经纪人参与原创计划的好处有以下三点：

（1）降低认证门槛。一般认证门槛是1000个有效粉丝；参与原创计划后，认证门槛是500个有效粉丝。

（2）原创内容推荐。在申请原创计划时，一般需要你选择对应的内容分类，这样能够方便平台对你的内容进行推荐。

（3）原创内容保护。参与原创计划后，平台会对你的原创内容进行保护，如果有人恶意搬运，平台会协助处理。

需要注意的是，一旦你参与了原创计划，就代表你发表的作品都是原创的，如果被发现发布非原创作品或抄袭他人作品，会被平台取消原创计划资格。当然，你也可以自主选择退出原创计划。

2. 如何让同行看不到你赞过的视频

因为视频号的社交推荐机制，你点赞的视频能够被微信好友看到。因为房地产经纪人的微信好友中有一些是同行，但有时候我们并不想让同行看到自己点赞的视频，这个时候有两种方法能够规避这个问题。

（1）在视频号主页的隐私选项中，选择“不让他看我赞过的视频”，然后在通讯录里选择对应的好友就可以屏蔽了，之后你点赞的任何视频他们都看不到。另外，凡是被你设置了看不到你朋友圈的人，也看不到你点赞过的视频。

（2）在观看视频时单击屏幕以暂停视频，选择私密赞，长按点赞按钮，选择仅作者可见，这样好友就看不到你点赞的视频了。

3. 如何不看不感兴趣的视频号动态

有些视频号发布的视频你不感兴趣，但经常又会刷到，这时你可以进入视频号主页，点击右上角的“…”图标，选择“不看对方动态”即可；还可以在隐私中的“不看的视频号”中查看你屏蔽的视频号动态。

4. 如何不看好友赞过的视频

有时候，你可能对视频号通过社交关系推荐给你的视频不感兴趣，但微信好友点赞的视频又常常被你刷到，遇到这种情况，可以在隐私中选择“不看他赞过的视频”，然后在通讯录中选择对应的好友，这样你就不会刷到他点赞的视频了。另外，凡是被你设置了不看他朋友圈的人，他赞过的视频也不会推荐给你。

5. 如何在视频号中拉黑粉丝

在做视频号的过程中，随着粉丝数量的增多，难免会碰到“黑粉”，对待这种黑粉，可以直接将他拉入黑名单，进入黑名单的人就不能在你的视频号中继续跟你互动了。

6. 如何关闭“在个人名片上展示赞过的视频”功能

我们点过赞的视频，会出现在个人名片下面，如果你不想看到这种展示，可以按照如下顺序进行操作：我的—设置—隐私—关闭在个人名片上展示我赞过的视频。

7. 如何隐藏视频号上的短视频

有些短视频在发布一段时间之后数据还是一般，或者短视频上的房源已租或已售，这时，就可以把短视频隐藏起来，设置为仅自己可见，这个操作可以通过点击右上角的“…”图标来完成。点击“…”图标不仅可以设置作品对谁可见，还可以关闭短视频评论或者置顶某些优质视频，目前视频号最多置顶两条视频。

五、如何做好视频号数据分析

数据分析是房地产经纪人经营视频号的必备技能，它能反映很多真实情况，让我们知道哪里需要优化，哪里可以做得更好，哪些内容是客户喜欢看的，哪些房源是比较受欢迎的，哪些楼盘的关注度更高等。

房地产经纪人可以利用视频号助手，高效分析账号的整体数据情况以及单条短视频的数据变化等，比如播放量、点赞、评论、转发、收藏、关注、赞播比、转发比、转粉率。因为每个房地产经纪人面对的粉丝群体都不一样，所以，不要单纯地横向对比，重要的是自己的视频号数据的变化，这是未来内容升级、方向调整的重要依据。

1. 利用数据掌握房源流量

房地产经纪人在日常推广房源的过程中，可以将同一小区、同类户型的短视频做对比，看播放、点赞以及转发这几个数据，了解潜在客户线上看房的关注点和喜欢的表现方式。

例如，今天我们发了两个三居室房源的短视频，两条短视频的播放量差不多，但是第一套房源的点赞和转发多一些，这说明第二套房源没有第一套受客户欢迎。只有客户真心喜欢房源，才会点赞或者转发给身边的人，卖点平平的房源转发量不会很高，所以，房地产经纪人一定要重视点赞和转发数据。

那这两个房源短视频的播放量为什么相差不大呢？有可能是第二个房源短视频的标题起得好，能吸引潜在客户点击，但是观看之后发现自己并不是很喜欢，所以没有点赞和转发，自然这两个数据就少了。

通过这样的数据分析我们知道，第一个房源短视频可以借鉴第二个房源短视频的标题写法，写一个更有吸引力的标题，同时，把开头黄金三秒的内容优化一下，将标题和开头的作用放大。修改完成以后，可以重新发布，签单机会也许就在下一秒。

第二个房源短视频可以保留标题和开头，对内容进行优化，比如将文案调整得更加简练，将房源卖点梳理得更加清晰，表现形式更吸引人。

2. 把握视频号的数据周期

视频号的流量机制是社交推荐与算法推荐两者融合，短视频推广的前期主要是以社交推荐为主，后期就会结合平台算法以期进入更大的流量池。一般情况下，视频号上的短视频不会像其他平台的短视频一样，一发布流量就噌噌噌往上涨，基本会在三到五天达到流量高峰，有些会在一周甚至一个月时流量才会暴涨。所以，房地产经纪人要多观察数据变化，及时调整营销策略。

3. 用好数据吸引客户

第一，要保持视频号数据稳中有升，这样用户进入你的主页并关注你的可能性才会更大。第二，要保持短视频作品的持续更新，不断上新房源，让相关数据越来越好；同时，隐藏已租已售或时间比较久的短视频，数据比较差的短视频也不要删除，隐藏起来就行，因为删除会影响整体数据表现。第三，每天都要复盘，掌握什么时间发布短视频流量最佳，什么样的房源短视频点赞、转发最多，根据每天的复盘数据确定第二天或未来一周的推广目标。

房地产经纪人不要总将目光停留在今天的播放量有没有突破500，明天的播放量能不能突破1000，也不要总是怀疑房源不行，我不合适出镜，平台不给我的短视频推流量，而要将更多注意力放在数据分析上，掌握真实的市场信息，通过数据分析，不断优化短视频的内容、表现形式等，以获得更多粉丝的关注。

第五章　如何直播卖房

一个三线城市的小型房地产中介，直播半年，卖房销售额 7.5 亿元；一个房地产经纪人，直播一年，卖房超过 60 套；粉丝在直播间说要把 100 万元首付款直接打给主播……看到这一连串数据，一连串成交，一连串变化，你有没有发现，其实都证明了一件事：直播卖房是大势所趋。

越来越多的房地产经纪人入局直播卖房，靠着真诚和日复一日的坚持，逐渐积累用户信任，把线上流量转化为线下的成交业绩。

一、视频号直播卖房三大优势

对于房地产经纪人来说，利用视频号直播卖房有以下三大优势：

第一，效率更高。线下销售时，房地产经纪人一次就面对一家人或几家人；直播卖房时，可以同时面对成百上千人，还可以实时互动，解答粉丝的问题。一对多的在线销售模式，不受时间、空间限制，只要开播，客户就可以随时随地了解房源信息。

第二，范围更广。基于视频号的流量机制，只要开播时标记一下位置，就有机会让本地客户看到我们的直播间，进来了解我们的房源，加上前期预告和定期直播的共同作用，会有越来越多的粉丝记住我们的直播，成为忠实粉丝，甚至影响粉丝的社交圈，带来更多潜在购房客户。

第三，信任更牢。如果房地产经纪人已经有一定的从业时间，就有可能积累成千上万的微信好友，而且很多还是熟人，具备了一定的信任基础，加之视频号和微信是绑定在一起的，所以直播时可以通过私信、朋友圈转发等方式，让更多微信好友进入自己的直播间，并通过回答问题、推荐项目、分享购房知识等方式，建立牢固的信任关系。

利用视频号直播卖房，很有可能激活老同学、老朋友的关系，甚至达成交易。一些长时间不联系的同学、朋友，一旦有机会进入你的直播间，很可能会发现符合他们需求的房源，从而带来持续的关注，直至成交。

粉丝在直播间学习买房知识、了解地方政策，跟主播沟通预算方案时，也是在完成购房前必要的准备工作。有了这样扎实的准备工作作为基础，线下看房时的销售转化率会大大提升。对于房地产主播而言，信任和口碑是达成交易非常重要的因素，持续的直播有利于积累信任和口碑。

直播卖房过程中的实时互动让双方的沟通更直接、更便捷，而且可以根据实际情况，随时做出内容调整，也能够辐射到更广的人群；同时，实时互动也让主播和粉丝有了情感链接，对彼此的了解更加深入，使双方的信任程度不断提升。

二、房地产主播的三项基本能力

直播间就像我们房地产中介公司的云端店铺，每一个房地产主播都要通过直播间输出内容和讲解房源，来影响购房者的决策。房地产主播不仅需要具备线下房地产经纪人的服务能力，懂市场、懂区位、懂房产，还要有更好的内容生产能力、表达能力、互动能力等，从房产销售转型为直播卖房主播，应具备四种基础能力。

1. 房源讲解能力

线下房源讲解方式已经不能满足直播间的要求，平淡无奇的讲解，简单粗暴的“321 上链接”亦难实现流量转化。要想让粉丝进入直播间以后有更好的互动，最终能留下来，并实现销售转化，就要有自己的真东西。所以，房地产经纪人要提升自己的房源讲解能力，通过情景代入等方式，迅速吸引用户，让进入直播间的人不愿意离开，甚至养成看你直播的习惯，最终转化成你的购房客户。

你可以使用这样的文案：客厅延伸到封闭式生活阳台，站在这里，白天，煦暖阳光四时映照，红尘美景一览无余；晚上，凭栏远眺，仰观穹宇，笑傲人生，怡然自得的是一份事业与生活的从容。

2. 情感表现能力

情感表现能力是指能传递自己的买房体验，赋予房源价值和情感，并激活用户买房欲望的能力。

你可以使用这样的文案：作为一个 90 后，在××市奋斗了 10 年，就是希望在万家灯火中有一盏灯是为我而亮，再把父母接过来，让他们安享晚年。

与父母异地而居时，他们总是盼着我逢年过节回家，就像小时候盼着我放学一样。然后，做一桌热气腾腾的饭菜，看着我大口吃饭、大口吃菜的眼神，是多么幸福啊。

多少90后都希望在××市拥有一套小两居或者小三居，在这样一个厨房连着餐厅的户型（拿着户型图），每天亲自下厨，让亲爱的爸爸妈妈体验三餐四季的温暖。

3. 互动转化能力

作为主播，不仅要讲解好房源，还要照顾到直播间里大多数用户的情绪，及时答疑解惑。在直播过程中，房地产主播应该从始至终充满热情，用积极的态度介绍房源，保持对楼盘及房源的自信，要站在用户角度创造话题，引导客户到现场看房。

当直播间里出现不同意见时，房地产主播更应该稳定情绪，保持头脑冷静；要对黑粉的内容进行整理和加工，并给出应对策略，让回复有理有据，通过清晰流畅的回复圈住更多用户，最终转化成购买。

房地产主播的直播内容要能引起用户共鸣，让他们对待买房的态度能够从“观望犹豫”到“渴望看房”再到“希望拥有”。主播还要做好直播间人群类型的分析，以调整房源的安排和直播策略。

通常来说，男女粉丝的心理截然不同。男粉丝较为理性，更注重“过程”，价格合理、性价比高、讲解专业、主播颜值不错，都可能影响他们在直播间的停留时间，并决定是否主动咨询或约你看房。女粉丝则相对感性，关注细节，比如房源是不是比其他楼盘便宜、实用，房源装修好不好，经纪人的服务好不好，直播间的体验感好不好。对于女粉丝来说，房地产主播的讲解只要戳中了一点，她就有可能找你买房。

所以，房地产主播在直播过程中一定要留心观察，判断进入直播间的是男粉丝居多，还是女粉丝居多，及时调整直播策略。同时，在直播前准备好直播文案。

三、如何做好直播卖房

房地产经纪人申请好视频号，从视频号入口进入主页就能看到发起直播的按钮，点击发起直播，会有两种选择：直播预告和直播。

如果你想提前设置一个直播预告，就点击直播预告，设置直播时间，创建直播预告即可。设置完成后，你的视频号主页就会有一个直播预约按钮，用户点击预约后，直播开启时就能收到开播提醒。

如果需要直接发起直播，进入主页后直接设置相关的直播信息，修改封面、设置描述，然后选择对应的直播分类即可开播。

在视频号开启直播前，一定要做好准备工作，包括熟悉视频号的直播功能与运用，调整好心态，宣传预热，增加直播间的人数，以增强直播信心，同时完善房源设置和讲解文案等。

1. 掌握视频号直播卖房的八个基本功能

房地产经纪人在发起直播时，会看到界面有很多功能信息，这些功能具体怎么使用呢?

(1) 两种直播模式的选择

目前，视频号直播有公开和指定观众两种模式。公开是指面向所有人的直播，指定观众就是私密直播，只有被选中的人才可以看到你的直播。

如果你只想针对某个特定群体讲解房源，比如给初中同学推荐一个新楼盘，就可以发起一场私密直播，通过“谁可以看”这个功能选定观众；也可以直接选择一个或多个微信群，实现指定观众的目的；还可以在微信通讯录好友中选择一个或多个好友观看直播。

如果你想指定的人比较多，也可以在视频号助手端先上传一个包含指定观众微信号的文档，开播时选择对应文档，即可指定文档中的所有用户进行观看。

（2）直播间的美颜功能

直播时一定要开启美颜功能，让粉丝看到你的好状态，这也是吸引粉丝的关键点之一。此外，翻转、镜像等功能也都很实用，能够满足不同房地产经纪人的需求。

（3）提前准备好房源

如果想通过直播间卖房，就要在直播前通过商品功能上架房源，也可以在直播中直接发布提前上架的商品，但前提是已经开通了小商店，并将房源上架，才能在直播时将房源上架到直播间。

在视频号主页可以创建或者关联自己的小商店，然后在“我的商品”里新增房源，填写对应的房源信息。审核通过后，就可以用于直播间卖房。

（4）直播间如何选择群发红包

视频号直播间支持发红包，房地产经纪人可以通过直播间给自己选择的微信群发红包，凡是粉丝群内的人都可以在直播间领到红包，不在粉丝群的用户无法在直播间领取红包，这样也能引导新进直播间的用户进入私域流量池。房地产经纪人可以通过这种方法引导用户添加微信，方便后续跟进并服务客户。

（5）可以选择开闭直播评论

房地产经纪人可以决定是否开启直播间的评论功能，方法是点击右上角的"…"图标，即可进行选择。我们建议直播卖房时开启评论功能，这样能更好地跟用户互动。

（6）用直播间打赏功能建立口碑

直播间的打赏功能也是房地产经纪人可以自由选择的，如果不想开启，可以通过右上角的按钮将其关闭。对于我们房产经纪人来说，直播卖房，也会有些粉丝打赏，但这毕竟还是比较有限的，我们的关键任务还是卖房。不过，我们可以把粉丝对我们认可这种打赏，用于服务更多的人群，赢得更多人的认可，比如，我们可以在直播间说，凡是通过直播间打赏的，你将会把打赏的金额汇总公布，每周或每月通过腾讯公益等权威渠道，捐给山区儿童等。这也是我们房产经纪人服务社会，建立口碑的一个方法。

（7）如何开启连麦互动

房地产经纪人在直播过程中可以跟客户、同事或者亲朋好友进行连麦，增加互动性的同时，也可以将多元化的观点、建议引入直播间，吸引更多观众。连麦功能可以通过点击右上角的按钮开启。

（8）三种身份看直播

我们在观看直播时，可以使用三种身份进入直播间。第一种是你的微信身份；第二种是你的视频号身份；第三种是自己创建的匿名身份。通常，我们建议房地产经纪人使用视频号身份进入别人的直播间，这样在直播间评论或者打赏时，别人可以点击你的头像进入你的视频号，从而给你带来一定的流量。当然，在有很多同行的直播间，可以选择以匿名身份观看。需要注意的是，一个月只能修改一次匿名身份。

2. 视频号直播卖房五大流量来源

直播是房地产经纪人经营视频号、实现流量转化的关键一步。

刚开始直播卖房时必须关注的问题就是流量来源。视频号直播的流量来源比较多，这里总结了五个常用的流量来源，供大家参考。

（1）社交圈的微信流量

在直播开始前，房地产经纪人要把直播链接转发到朋友圈、微信群或者私信给微信好友，借助微信好友的力量扩散到他们的朋友圈、微信群等，并结合红包或者其他形式的福利，引导粉丝进入你的直播间，做足准备工作，最大限度地提高场观、在线人数以及互动率等。因为这些流量大多是私域流量，前期已经通过朋友圈、微信圈等渠道了解过你，所以对你的信任度会更高，更容易产生深度互动。

①朋友圈宣传预热，每天至少发一条直播内容，让微信好友养成观看习惯。

②准备好文案+抽奖活动，通过朋友圈点赞等方式，激活微信好友，为直播间造势。

③每次私信微信好友时，必须分享你的直播间，重点强调直播时间和内容。

④鼓励微信好友转发，特别是在直播开始后要在朋友圈转发。

⑤直播开始后要多在微信群转发，特别是有客户、业主的微信群，引导大家进入直播间。

（2）视频号的流量导入

①预约通知。预约通知是一种强通知，用户预约直播以后，直播开始时会收到震动提醒，触达率非常高，所以一定要把握好预约这个关键入口。如果开播前积累了一定的预约量，或者做了大规模的有效推广，直播时的开场数据就会比较好。

②关注列表。用户关注的所有视频号，只要在当前时段开播的，都能在关注列表里找到。所以，平时我们要使用各种办法增加视频号的粉丝量，这有助于提升我们直播间的流量。

③视频入口。如果在直播时有用户刷到视频号里的短视频，平台会提醒用户该视频号正在直播，这种情况下，只要用户对你的内容比较感兴趣，他就会进入直播间。尤其是出现爆款短视频时，一定要及时进行直播，因为这期间流量的转化率非常高。

④账号入口。从视频号入口进入后，正上方有“关注”“朋友”“推荐”三栏，是平台从不同渠道给你推送的短视频，也会间接给你推送一些直播间。视频号会根据用户偏好标签进行推荐，也会根据用户最近在直播间的停留情况、互动情况，判断用户对哪种类型的直播间更感兴趣，以进行推送。所以，房地产经纪人在做短视频和直播时，内容要紧紧围绕房地产展开，这样你的视频号和直播间才会有对应的标签，才能精准地吸引粉丝。

⑤同城推荐。从视频号的直播入口进去，在右上角点击“更多”，就能看到直播分类，其中有一个是“同城”。这个功能对于房地产经纪人来说，是很便捷的获得流量的渠道，只要我们在直播时显示位置，就有机会出现在同城直播里。

⑥直播推流。微信 PC 端已经上线了视频号推流直播功能，操作非常简单，而且自带推流。通过微信 PC 端的推流直播，开播后可以清晰地看到评论、互动、在线人数、打赏等，这是其他第三方软件无法实现的。

在安装微信 PC 端最新版本后，点击右下角的“直播”，会发现新增了视频号直播功能，然后添加画面源，选择摄像头模式、手机画面模式、窗口模式、多媒体模式或桌面模式等，每种模式的特点如下：

第一，摄像头模式。如果推流直播时是真人出镜，就选择摄像头模式，新版本自带美颜，如果美颜不能满足需求，也可以通过美颜摄像头接入。第二，手机画面模式。如果在推流直播时想把手机上的画面或者动态实时同步到直播间，就可以选择手机画面模式，这个功能非常实用。第三，窗口模式。窗口模式是针对电脑桌面打开的一个窗口，可以把这个窗口的画面同步到直播间。第四，多媒体模式。选择多媒体模式后，就可以在直播间打开图片、PPT、视频等。第五，桌面模式。选择桌面模式后，就可以将电脑端的操作同步到直播间，能够让粉丝看到操作过程。

另外，新版本的微信 PC 端可以直接在微信聊天页面观看视频号内容和直播，非常方便。

（3）公众号的流量入口

如果房地产经纪人有微信公众号，就可以在公众号文章页面插入一条直播预约，开播时就会显示“正在直播中”，这样用户在看公众号文章时，可以直接从文章页面进入直播间。点击微信聊天界面的“订阅号消息”，进去后在最上面有“常读的订阅号”，当公众号和视频号完成绑定后，“常读的公众号”下就会显示对应的直播间，用户可以直接点击进入。此外，用户还可以通过公众号名称栏和公众号图文推送页进入对应的直播间。

（4）第三方平台引流

房地产经纪人要学会利用第三方平台引流，因为每个社交平台的目标人群不一样，所以要针对不同平台的特点设计引流方案。

在直播推广阶段，就要设计宣传海报，并有针对性地准备一些福利到各个平台推广，引导潜在用户进入直播间。如果用户看到了你的直播，又喜欢你的直播，就能对你的标签进行加固，这就成功迈出了第一步。在这个过程中，也可以积极引导别人转发，通过粉丝的力量吸引更多流量。

（5）利用工具线下推广

房地产经纪人要利用各种物料推广自己的视频号，除了印上手机号码、门店地址、微信二维码、公众号二维码、视频号二维码，还可以在视频号二维码旁边标注直播信息，比如“每天晚上 9：00~11：00，来我的直播间看更多优质房源”。这样，当客户收到物料时，如果感兴趣，就会扫码进入直播间了解房源或咨询问题，也能为直播间带来更好的场观人数。

虽然直播时大多数粉丝会进进出出，但从整体上看，一场主题明确、内容和房源质量高、时间足够长的直播，流量还是很可观的。

房地产经纪人除了利用好自己的直播间外，还可以通过他人直播间获得好感，引起关注，比如在他人直播间发表一些优质评论。一般可以选择跟我们的业务比较贴近的直播间，比如业主或客户的直播间、亲朋好友的直播间、同类账号的直播间、人气较高的直播间。通过直播间引流的好处是，这些人已经习惯看直播，只要内容合适，他们就会在我们的直播间停留，给我们带来观看时长。

3. 直播间流量变现的八大话术

很多房地产经纪人都希望成为拥有众多粉丝的房地产网红，我也想知道那些房地产网红是如何玩转直播间的。在观看了几百场房地产直播后，我总结了八大直播话术。

（1）直播间七种欢迎词

①活动式开场：欢迎各位老板来到我的直播间，我是×××。今天给大家带来××项目，凡是今天在我直播间的老板们，都有机会获得××大奖，奖品是××，各位老板千万不要划走。

②提问式开场：欢迎各位大哥、大嫂来到我的直播间，我是×××。这些年，我一直专注××区域的房地产，今天到直播间的大哥、大嫂是不是都想在××买房？有任何关于××区域的问题，可以随时打在评论区。

③兴趣式开场：欢迎×××进来捧场，我最近喜欢上一首歌，不知道你们听过没有？分享项目之前，我想先给大家来一段，喜欢的朋友在评论区来一波“666”。

④主题式开场：欢迎×××进入我的直播间，今天要给大家推荐的是××项目的房源，感兴趣的宝宝记得点个关注哦。

⑤互动式开场：欢迎×××进入直播间，这名字挺有意思/很好听，是有什么故事吗？很巧，我小学同桌也叫这个名字，你是不是我小学同桌啊，宝宝。

⑥好处式开场：欢迎进入直播间的老铁们，欢迎大家！我是×××，从事房地产行业××年，今天我会跟大家分享……让你们省钱、省力、省心买好房。关于买房，老铁们有什么想法，可以打在评论区。

⑦才艺式开场：欢迎各位大哥、大嫂走进我的直播间，万水千山总是情，找我买房真的行，大哥大嫂最给力，天天都开法拉利，人间自有真情在，点点红心都是爱，天若有情天亦老，来个关注就最好，点点关注不迷路，开启买房第一步。

（2）直播间三大宣传关键点

房地产经纪人直播卖房，要想让更多的粉丝了解你，并持续关注你的直播间，必须有一定的宣传，而且要有重点地宣传。

①宣传直播时间：非常感谢所有在我直播间停留过的哥哥、姐姐们，我每天的直播时间是××点，雷打不动。没点关注的记得点关注，点了关注的记得每天准时来直播间看房，顺便看看我。

②宣传直播内容：我是×××，今天给大家分享的是××区域的楼盘，要想学会如何选地段、选楼盘、选房源，记得关注我，省钱买好房。

③宣传主播本人：感谢各位大哥、大嫂的到来，我是××，来自××，90后，在××公司做房地产××年，主要做××板块。感谢大家经常在直播间跟我交流买房想法和心得，感谢大家经常通过直播间找我了解房源，感谢大家经常在直播间约我看房、买房。

（3）直播间常用三种互动方法

在直播卖房过程中，通过与粉丝的实时互动，能让粉丝感受到贴心且专业的服务，主播可以更好地了解粉丝诉求，更准确地获得粉丝的反馈。通常，房地产主播可以通过以下几种方法跟粉丝进行互动。

①提问式互动

比如："刚刚跟大家分享的选房小技巧，大家学会了吗?""你们之前有没有了解过这个区域的楼盘?""大家以前看过这种户型吗?"等等。

提问式互动的答案只能是肯定或者否定的，所以，房地产主播能够通过这种方式与粉丝频繁互动，并且快速得到粉丝的答案，不至于在等待答复时冷场。

②选择式互动

比如："今天给大家推荐两个楼盘，想听第一个楼盘的刷'1'，想听第二个楼盘的刷‘2’。”“我左手这套是三居室，右手这套是两居室，喜欢三居室的扣‘1’，喜欢两居室的扣‘2’。”等等。

选择式互动就是给粉丝抛出一个选择题，让粉丝迅速参与直播互动。

③节奏式互动

比如：“觉得主播今天的楼盘介绍的不错的，刷波‘666’。”“刷波‘520’让我感受一下你们的买房热情。”等等。

节奏式互动主要是让评论区热闹起来，让刚进入直播间的人感受到这种氛围，同时，让他们产生各种疑问：好奇为什么那么多人刷“666”？主播到底在讲什么样的楼盘？房源是不是特别优质？还是楼盘在做促销？带着疑问和好奇心，粉丝很有可能在你的直播间停留。

（4）直播卖房三大变现技巧

房地产经纪人在直播卖房过程中，可以通过语言渲染展示专业性，拉近与粉丝的距离，建立信任感，促成预约看房或购买决策，进而实现流量变现。

①专业讲解

房地产主播在进行直播卖房时，可以使用电视展示房源的质量，并分享自己的体验与感受，让粉丝更直观地感受房源。房源讲解得好，粉丝咨询或预约看房的概率会更高。在进行房源讲解时，要针对每一套房源的特点、卖点以及细节设计文案，目的就是更好地向粉丝展示房源。“双阳台设计，双面望花园，每一天都能感受到春天的气息，南北通透，夏天凉风习习，可以省很多空调费”，这样的语言，让人听着就心动。

范例：

今天给大家推荐的这套房源是三室两厅两卫的阳光户型，一梯两户，入户门为高级防盗门，在门上还安装了门磁报警器，当有人强行撬门时，它会自动报警，安全性和防盗性相当好，可以保证您和家人的人身、财产安全。

进门后走过玄关，首先看到的是一个31.7平方米的南向大客厅，宽敞明亮，方方正正，您可以在这里摆放沙发，在这里摆放茶几，在背景墙旁边放个电视柜。每天晚饭过后，您与家人可以在这里共享天伦之乐，偶尔还可以邀约三五好友在这里相聚，共叙友情。

我们往右看，就是您家的落地观光大阳台，在这里可以摆放一个休闲躺椅，闲暇时到这里坐坐，看看书、晒晒太阳，或者欣赏小区风景都是很惬意的一件事；如果您喜欢摆弄花草，也可以在这里摆放一些好看的植物，既能给室内增添勃勃生机，又能修身养性；如果有父母一起居住，还可以在这里摆放一个小圆桌，父母可以坐在这里边看风景、边喝茶，享受幸福生活。

从客厅左手边走进去，便是三个卧室，动静分离，这是家庭居住最好的安排。主卧单独配有卫生间，保证了主人生活的私密性；次卧可以作为父母房，透过窗户可以欣赏小区中心的园林景观，房间内还可以摆放书桌、书柜，方便父母闲暇时看看书、写写字，也有利于他们的身心健康；这边还有个儿童房，它的设计主要考虑的是安全性，材料环保、色彩鲜明、采光充足，满足了孩子成长的各种需求。说到孩子的房间，家长们都很关心，这里多唠叨几句：

第一，要保证孩子有充足的睡眠，尽量给孩子安排一个安静的房间，创造舒适的睡眠环境。孩子睡眠充足，发育才能跟得上，才有充沛的精力读书、学习。儿童房在这个位置，一般不会受到外面噪声的影响。

第二，儿童房的采光非常重要，做作业或读书时，如果光线不好，会影响视力，大家看这个卧室白天的光线就刚刚好。另外，书桌摆放在这里可以避免阳光直射。业主定制的这个双层儿童床用的是零甲醛的环保材料，就算家里有婴儿，也不用担心甲醛问题。

第三，这个儿童房的壁饰非常有趣且充满童真，非常符合孩子的天性。您也可以找一些能激励人上进的语句或是知识性的文字挂起来，让孩子在充满文化氛围的家庭环境中健康成长。

从儿童房出来，咱们再看看这里，厨房与餐厅相连，方便您备餐与就餐。旁边北向的生活小阳台可以放置洗衣机以及日杂用品，刚买回来的食材也可以暂时放在这里，这样能够充分保证餐厅、厨房的干净、整洁。

最后看看这个客用卫生间，采用干湿分离、洁污分离的设计方式，有独立的洗澡空间，外间有一个洗漱盆。这样的设计让功能分区更明确，使用起来也更方便。人性化设计凸显这个户型的实用性和时尚感。

总的来说，这个户型方正、通透且全明，客厅、卧室都朝阳，餐厨一体，对刚需家庭来说，是非常实用的户型，也是客户选择最多的户型，而且能彰显您的身份、地位。因为这种户型很难得，所以一般的业主不会轻易放盘，一个月能出一套就很不错了，所以喜欢的大哥、大嫂赶紧在评论区扣“1”或者说说你的想法。

②建立信任

直播卖房时，粉丝基本上都是通过房地产经纪人的描述来了解房源的，因此，房地产主播必须跟粉丝建立起一定的信任，才能让粉丝主动找你看房，甚至买房。

通常，房地产主播会用“我的亲戚朋友也买了这个小区的房”“我也很想住在这个小区”等语言表达对楼盘的信心，打消粉丝对楼盘及房源的顾虑。

③激发欲望

在推荐房源时，房地产主播不仅要讲解房源本身，还要展现各种生活场景，让粉丝触景生情，产生购买欲望，并指导粉丝根据自己的实际情况选择房源。比如，我们在介绍一套房源的厨房时，就可以从不同角度给粉丝描绘未来的美好生活，让他们憧憬在这套房子里的生活。

范例1：住在这套房子里，每天回到家，爱人都会变魔术似的给我做好多好吃的，她说：“为爱的人下厨房是幸福的。”我希望女人们都能貌美如花，幸福甜蜜。

范例2：我理想的生活，是在阳光中醒来，运动、买菜、做饭、摆弄花草，照顾家人的饮食起居。如果我成为妈妈，我会认真教ta读书、写字、算数、画画，教ta发现生活的美。我理想的生活，是住在春暖花开的××小区，体验一蔬一饭带来的幸福与满足。

范例3：生活总需要一些小事来调味，那件小事叫下厨。我觉得和老公在厨房里做饭是属于我们两个人的浪漫，我主厨，他打下手，这是多年来的默契。只要两个人在一起，即使围着锅碗瓢盆打转，也是一种幸福。住在××小区，幸福就是我回到家，看见你在这个7

平方米的厨房做饭。

（5）直播卖房如何用活动吸客

低价才是粉丝买房的主要动力，所以直播间的房源优惠活动是粉丝看房、买房的最直接因素。房地产主播不妨多在直播间讲讲低总价的房源，或者开发商做促销的房源，再或者业主急售，有降价空间的房源。

帮助粉丝省钱买好房，才能让更多粉丝追着你买房，这也有助于你与粉丝建立信任，并转化为线下的带看。

在直播间你可以反复强调“低价”“买×送×”“房源优惠折扣”“买什么房源更省钱”“找我买新房有团购价”等，吸引并留住粉丝。

（6）如何让粉丝说“我要买房”

真正的购房者在买房时除了想省钱，还怕失去或者怕错过优质房源，这种心理暗示的作用远远大于“这套房子到底对我有多大用”“这套房子到底划算不划算”这样的理性思考。所以，房地产主播在直播间要来一波饥饿营销，让粉丝主动说出“我要买房”。

房地产主播要在直播间调动粉丝的积极性，激发他们“马上要买房”的欲望。比如，你可以说：“这是今天开播的第一套房，刚刚三分钟，已经有宝宝私信了，说明天要带老婆出来看房”“感谢各位大哥、大嫂，刚刚已经有××人预约明天早上看房了”“今天的特价房数量有限。”类似这样的话，是能够唤醒粉丝的看房意识的。

（7）如何快速提高主播人气

房地产主播除了在直播间卖房，还要学会引导粉丝关注，快速提高主播人气。

在直播卖房过程中，无论是讲解房源，还是分析市场，抑或解答粉丝问题，房地产主播每隔几分钟都要重复一次“喜欢××的可以多多关注我们的直播间”，通过这样的话引导观众关注。

当然，你也可以通过发送福利引导粉丝关注直播间，这种方式更直接、更有效。比如，只要关注了主播，而且分享了直播间的人就能参与抽奖。

（8）感谢粉丝来到你的直播间

无论是默默在直播间看你卖房的粉丝，还是热情咨询、评论的粉丝，每一个人都值得你以情相待。

房地产主播在下播之前，要表达对粉丝的感谢之情，这样做不仅能加重粉丝的不舍之情，也是给自己做的简单总结。

范例1：感谢你们来我的直播间，陪伴是最长情的告白，你们的心意我都收到了。我十分期待能帮助来我直播间的每个人在××市买一套称心如意的房子，过上幸福、美满的生活。

范例2：各位大哥、大嫂，我马上就要下播了，喜欢我的可以点点关注，这样明天大家能第一时间收到开播提醒。明天晚上8点，我们在直播间为大家带来更多优质房源，不见不散！

范例3：我马上就要下播了，希望大家睡个好觉、做个好梦。明天好好工作，好好赚钱，买个大房子。明天晚上9点，直播间见。

除了给粉丝推荐优质房源，房地产主播的人格魅力也是获得粉丝喜爱的关键因素，让粉丝愿意在你的直播间买房。所以，下播前送上最真挚的祝福也能给粉丝留下深刻记忆。

范例4：主播还有10分钟就下播了，非常感谢大家在我开播的这157天的陪伴。今天和大家度过了非常愉快的8个小时，主播最后给大家抽个奖，好不好？大家记得关注我，下次开播前就会收到开播提醒，我也会想念大家的。

房地产主播在下播前打打感情牌，讲讲自己坚持直播的时间和时长，让粉丝再一次了解自己，也可以来一波抽奖，以增加关注，同时再次强调下次直播的时间，这会给粉丝留下深刻的印象。

范例5：今天我的直播间一共来了××人，感谢大家把直播间转发到朋友圈并私信给亲朋好友，希望明天会有更多人来到直播间，咱们一起看××项目的房源。

范例6：感谢各位的厚爱！其实不想跟大家说“再见”，不过因为时间关系，这次直播马上就要结束了，最后给大家唱一首好听的歌曲吧，放松一下心情，用更饱满的状态迎接明天的生活，明天依然是晚上9点开播，咱们直播间见。

房地产经纪人在直播间的八大话术，不仅可以吸引粉丝进入直播间，还能快速实现流量变现。今天开播的主播们，马上用起来吧！

四、直播卖房的七项必要准备工作

1. 楼盘情况及周边配套设施

（1）教育配套设施

①楼盘周边有哪些幼儿园？幼儿园的整体情况和收费标准如何？

②楼盘周边有哪些小学和初、高中？学校的软硬件条件如何？如何办理入学？

③楼盘周边有哪些高校？高校的整体情况如何？特色专业是什么？

（2）交通配套设施

①楼盘所在社区有没有配备班车或者摆渡车？

②楼盘周边有几条公交/地铁线路？都是去往什么方向的？

③从楼盘到高铁站/客运站需要多长时间？是否堵车？

④楼盘周边的主干道是几车道的？上下班出行情况如何？

⑤楼盘周边有哪些重要的市政设施/道路正在规划？预计什么时间通车？会给楼盘带来怎样的影响？

（3）商业配套设施

①楼盘周边有哪些菜市场、超市、综合百货商场、集贸市场？

②楼盘周边有装修建材、服装、农贸等专业市场吗？

③楼盘周边有哪些写字楼、厂房？租金标准如何？

④楼盘周边经商条件如何？

⑤楼盘周边有哪些标志性商业建筑？

⑥楼盘周边是否有规划中的大型商业项目？

（4）休闲娱乐配套设施

①楼盘周边的绿化如何？是否有比较好的公园配套设施？

②楼盘周边有哪些体育设施？

③楼盘周边的娱乐设施是如何分布的？

（5）金融邮电配套设施

①楼盘周边有哪些银行？

②楼盘周边有哪些金融机构？

③楼盘周边是否有邮局？

④小区内是否设有快递代收点？

（6）医疗卫生配套设施

①楼盘周边是否有社区医院或便民诊所？

②楼盘周边是否有大型医院？

③楼盘周边是否设立核酸点？

2. 楼盘信息

（1）使用年限

①楼盘的土地使用权为多少年？

②楼盘是哪一年开发的？

③楼盘（新盘）开发计划几年完成？目前已经开发了几期？分期建设的规划是怎样的？

（2）楼盘规模

①楼盘的规划规模是多大？分几期？有哪些特点？

②楼盘的规划居住总人口是多少？规划居住总户数是多少？

③楼盘地上建筑规模是多大？居住建筑面积、配套公建建筑面积和非配套公建建筑面积分别是多少？

④楼盘内有多少栋住宅？分别是多少层？共有多少种户型？

⑤楼盘的总体建筑面积是多少？居住区地上建筑面积是多少？居住区建筑密度是多少？

⑥楼盘的地上配套公建建筑面积是多少？地上非配套公建建筑面积是多少？

⑦楼盘的容积率是多少？是否符合国家相关规定？

（3）小区内配套设施

①小区内的绿化率是多少？主要种植哪些树种？景观及园林设计有哪些特点？

②小区内有哪些运动场所？是否收费？

③小区内是否有会所？具体位置在哪里？会所有哪些服务项目？收费标准是怎样的？

④小区内是否有老年人活动、休闲场所？

⑤小区内是否有儿童游乐场所？

⑥小区内是否有学校、超市、卫生站？具体情况如何？

⑦小区内是否有凉亭或休闲座椅等休闲设施？

（4）小区车位设施

①小区共有多少个车位？

②车库的具体位置在哪？每栋楼的车库划分比例是怎样的？

③地下车库的排气孔在哪？对周边居民有什么影响？

④车位租金标准是怎样的？

⑤停车场采用何种系统或设备管理？

⑥访客车辆停放在什么位置？是否收费？

（5）小区公共设施

①小区共有几个出入口？分别在哪里？主入口和次入口分别在哪里？小区内的哪条道路是消防主通道？小区围墙是否有安全防护栏？

②小区内是否人车分流？单车/电动车是否能进小区？

③小区内的道路用何种材料铺设？

④小区的公共环境卫生如何？垃圾桶安放在什么位置？

⑤小区内是否有摄像头等监控设施？是否 24 小时运行？

⑥小区内是否有场地组织文化娱乐活动？

⑦小区内是否有供宠物活动的场所？

⑧小区内的晨练是否会影响低层业主休息？

⑨小区内是否有路灯？一般是几点开关？

3. 楼栋信息

（1）公共面积

①小区楼间的日照间距是多少？按照规范要求，楼间距应该是多少？

②小区塔（板）楼的建筑结构形式是哪种？主要特点是什么？

③小区建筑的整体风格是怎样的？外立面使用的是何种细部材料？

④小区内的建筑高度是多少？地上、地下的建筑层数分别是多少？

⑤建筑面积、销售面积、套内建筑面积、公摊面积都是如何计算的？请列出计算公式。

⑥公用面积分摊系数和每套房屋的公摊面积是如何计算的？请列出计算公式。

⑦公用面积分摊的原则是什么？

⑧阳台的窗外面积、空调机位面积是如何计算到销售面积中的？

⑨楼栋的抗震等级是多少？

（2）公共装修

①公共空间（大堂、门厅、电梯厅等）的装修标准是怎样的？

②楼内公共过道的装修如何？

③楼梯的装修如何？

④电梯是何品牌？梯速是多少？载重量是多少？

⑤通过哪些措施能够降低电梯对紧邻电梯井的卧室的影响？

（3）供水供暖

①小区的供水系统如何？有何特点？

②小区的排水管选用何种材料？有何性能？

③小区的生活用水与供暖用水是否为同一水源？

④管道井在楼体的内部还是外部？具体位置在哪里？

⑤小区采用气供暖还是水供暖？

⑥小区是否采用集中供暖？供暖单位是哪？

⑦小区是市政供暖，还是小区内部集中式或单元式供暖？

（4）安防消防

①进出大堂是否需要门卡，前后大门是否自动门？

②大堂及电梯间是否安装监控设施？物业多久检查一次？

③物业每天巡逻几次？是否安装了中央监控系统？

④天台及楼层通风窗户是否采取了防护措施？

⑤室外消防栓设置的位置、数量是否合理？

⑥地下车库有哪些消防设施？

（5）供电系统

①开闭站及变配电室的位置选择、建设、施工、配套由谁负责？

②开闭站是否有电磁辐射和低频噪声？是否会对业主造成伤害？

③各楼层的公共电费是怎样分摊和收取的？

（6）户型信息

①每栋楼每层有多少户？一梯几户？

②每个户型的优劣势分别是什么？

③每个住户大概有几人？上下班高峰期使用电梯是否需要排队？

4. 房源信息

（1）房源特色

①不同户型的销售面积分别是多少？得房率分别是多少？净使

用面积分别是多少？

②不同户型在功能、空间布局上有哪些特征？动静分区有哪些特点？

③不同户型的实际朝向分别是怎样的？不同户型分别能看到什么样的景观？

（2）室内设施

①不同户型配备的电容量是否一样？分别是多少？

②房屋交付时，对水、电、暖、燃气设施的检测流程是怎样的？分别应达到什么样的标准？

③每套房屋预留了几个有线电视端口？分别在何位置？

④是否可以增加有线电视端口？收取标准是怎样的？

⑤有线电视的收费标准是怎样的？是否要收取开通费用？

⑥宽带接入点有几个？分别在何位置？收费标准如何？

⑦小区到楼、到户的通信电缆分别使用的何种介质？

⑧天然气是否需要自己报装？收费标准是怎样的？

（3）室内装修

①非承重墙是否可以改动？需要办理哪些手续？

②是否每个房间都预留了空调管线？

③业主是否能改动暖气管道或更换散热器？

④业主是否能改变空调位置或打掉空调护栏？

⑤入户门是什么品牌？门窗采用的是什么材料？

⑥室内的装修标准是怎样的？

（4）室内配置

①厨房的灶台是否使用天然气？

②原业主使用的灶台是什么品牌？

③原业主的家私家电是否可以赠送？

④原业主的卧室衣柜是否定制的？

⑤原业主的灯饰是什么品牌？使用了多久？是否需要更换？

⑥原业主使用的水龙头等是什么品牌？使用了多久？

（5）业主情况

①业主这套房买了几年？是否满五唯一？

②业主家几口人？房屋保养得如何？

③业主是哪里人？从事什么职业？

④业主的孩子学习成绩如何？

⑤业主是否跟父母同住？其父母从事什么职业？是否已退休？

5. 楼盘相关信息

（1）开发商

①是否可以介绍一下开发商情况？上级主管单位是哪儿？做过哪些项目？

②开发商的开发资质如何？是哪个部门颁发的？

③该项目的投资商是哪？它们还投资过哪些项目？

（2）服务商

①该项目由哪儿负责承建？过往业绩如何？上级主管单位是哪儿？

②该项目的代理商是哪儿？过往业绩如何？上级主管单位是哪儿？

③物业公司是哪儿？过往业绩如何？上级主管单位是哪儿？

④该项目有哪些知名设备供应商？

⑤该项目有哪些知名服务单位？

⑥该项目的“五证”是否齐全？

⑦该项目的施工监理方是哪儿？过往业绩如何？施工质量是如何把控的？

（3）物业管理

①物业公司是否为开发商自己的团队？

②物业公司的规模有多大？

③物业公司是否安排了日常小区巡逻？

④保安的年龄结构如何？保安团队有什么特色？

⑤是否每栋楼都安排了管家？还是物业统一管理？

⑥物业的收费标准是怎样的？缴费方式是什么样的？

⑦是否每天打扫楼栋卫生？

⑧是否每天清扫小区道路？

⑨保安是否及时登记小区进出信息？是否测量体温？

6. 房产交易

（1）购房费用

①除了购房款，购房过程中还需要缴纳哪些费用？

②房产交易的手续费是多少？

③什么是契税？收取标准是怎样的？

④什么是印花税？收取标准是怎样的？

⑤什么是公共维修基金？收取标准是怎样的？

⑥该项目起价是多少？最高价是多少？最低价是多少？均价是多少？未来将如何调整？

⑦工程期付款的具体条件是什么？

（2）按揭贷款

①贷款期限最长几年？现行利率是多少？

②按揭付款与一次性付款的流程分别是怎样的？按揭付款总价与一次性付款总价的对比结果是怎样的？

③哪些银行为该项目提供按揭服务？每家银行的贷款年限及贷款比例是否相同？客户是否有权利自主选择银行？

④申请按揭贷款需要什么条件？需要经过哪些程序？开发商是否提供担保？采取什么样的担保方式？按揭申请与正式合同的签署有无必然联系？

⑤贷款申请过程中会有哪些额外费用发生？具体数额是多少？

⑥申请组合贷款的程序是什么？

⑦公积金贷款和银行按揭贷款有何区别？

⑧最新的利率是多少？还款方式是怎样的？

（3）认购房产

①什么情况下可以保留房号？法律义务是什么？

②什么情况下可以认购？法律程序是什么？

③一般定金是多少？认购款如何转为定金及房款？

④合同如何签署？补充协议与合同有哪些关联？

⑤本房源是否有业主的委托书？什么时间签订的？

⑥外地人在本市买房有哪些限制条件？具体的办理流程是怎样的？需要额外缴纳哪些费用？

⑦销售面积是如何计算的？该项目的各种面积是否经过有关单位确认？

⑧开发商/业主分别承担哪些违约责任？

⑨客户承担哪些违约责任？

（4）交房

①交房拿钥匙时是否必须缴纳维修基金和契税？

②交房时需要办理哪些手续？应该注意哪些问题？

③交房过程中遇到不满应如何投诉？是否有反馈？

（5）售后服务

①交房后的各种手续找谁办理？

②交房后的各种纠纷如何投诉？

③投诉电话是多少？客户服务中心地址是哪儿？

④小区是否有业主委员会？是什么时间成立的？

⑤业主委员会是否有权力监督、更换物业公司？

⑥业主的权利能够通过什么方式得到保障？

⑦业主有哪些投诉渠道？

⑧买房后，房地产经纪人还可以帮客户做什么？

⑨业主入住后，房地产经纪人还能提供什么服务？

7. 市场行情

（1）该城市的房地产项目有哪些特点？

（2）该市买卖房屋有哪些具体政策？最近有哪些变化？

（3）最近该市房地产市场有哪些变化？不同层次的楼盘交易有哪些特点？

（4）二手房以旧换新业务的大致流程是怎样的？

（5）该市房地产总体价格走势如何？

（6）现在是否买房的最佳时机？

（7）如何选择地段？未来房价走势是怎样的？

（8）该小区在该地段具备哪些优势？类似的楼盘有哪些？

（9）该小区未来三到五年的市场行情是怎样的？

看到这里，你是不是有些疑虑：为什么直播卖房要做这么详细的准备？第一，有备无患。准备充分才能应对更多的客户提问。第二，体现专业。即使客户不一定会在直播间问细节，但如果你偶尔给出一个问题的详细解答，会体现出很强的专业性，得到更多粉丝的信任。第三，转化客户。在直播间问得越细致的粉丝，购买意向越大，主播可以利用解答问题的机会邀约看房。

五、直播间解答客户问题的技巧

房地产主播在直播间卖房时，会有粉丝不断地提出问题，面对这种一对多的沟通场景，主播们不仅要解答提问者的问题，也要兼顾其他粉丝的感受，更要及时将话题拉回所讲的房源上。

1. 以点带面地讲解

比如，粉丝问："如何选择房屋朝向？"因为现在常用的设计是两梯四户，通常这四户会有两到三个朝向，所以这个问题不能简单地解答为："选择坐北朝南的户型。"这样很可能会有粉丝有不同意见，急性子的粉丝也许会立刻离开直播间。

从某种程度上来说，选择了一种户型就意味着选择了一种生活方式，所选的户型是否合理、是否能满足需求，决定了居住者是否能够获得舒适的居住体验。房地产主播可以参考以下范例设计自己的户型讲解说辞：

一般来说，朝南的房屋都是户型最大、面积最大且单价最贵的，在同层的户型中，总价也是最高的。以我们这个楼盘为例，南北朝向的户型单价相差××××元，当然，这两个朝向的户型每天的日照时间肯定不一样，但也各有好处，可以根据自己的需求，选择最合适的。

如果你喜欢早起，建议你买朝东的房屋，早上的阳光能让你活力满满，伴随着太阳的冉冉升起，开启一天的奋斗。阳光会带来好心情，幸福生活也将围绕着您。

如果你喜欢深夜工作，就不要让阳光过早地来打扰，选择朝西的房屋，就不用在房间里装上厚厚的窗帘遮挡阳光了，而每天下班时，依然还能在阳台感受温暖的阳光。

如果你乐于享受生活，建议选择朝南的房屋，坐在阳台地板上，沐浴着阳光，喝杯茶，读读书，写写字，享受惬意人生。

如果你是生活节奏快、经济能力并不雄厚的年轻人，选择朝北的房屋比较合适，因为价格比较低，功能又完全能够满足需求，所以性价比会比较高，不会有过重的经济压力。对于早出晚归的人来说，与其花那么多钱购买朝南的户型，却享受不到白天的阳光，还不如添置些精美的家具和装饰，望着窗外的阑珊夜色，也能尽享温馨生活。一般朝北的房屋户型都比较合理，采光面积大，并不影响室内光线，只是阳光直射的时间短些而已。

2. 采用“总分总”形式讲解

采用“总分总”形式讲解，就是将讲解内容分成三部分，先介绍房源整体情况，再对细节进行逐一介绍，最后总结概括。

①介绍房源整体情况，让粉丝对房屋整体布局、特点有大致了解，进而产生进一步了解的想法，这里可以重点介绍房屋定位、朝向、户型、特点或卖点等。

②介绍房屋局部特征，通过对家具摆设、人性化设计等的细致

讲解，对局部进行场景化描绘，让粉丝有身临其境的感觉。一般在直播间多用第二人称介绍户型，这样能够让观众有亲切感，你可以说："刚刚刘姐在评论区说要详细了解这个户型，刘姐，这是我们社区最适合您的户型，您看，这是您的客厅……这是您的卧室……"

③用总结性的语言概括卖点，为后续邀约粉丝看房做好铺垫。在直播间讲解房源时，不仅要说"有什么"，还要说"带来什么"，要尽可能多地描绘生活场景，让粉丝产生对美好生活的向往。你可以说："刘姐，您事业做得这么成功，日理万机的，闲暇时一定要好好享受生活。在阳台给花草浇浇水，然后泡一杯香醇的咖啡，坐在单人沙发上，一边听音乐，一边细细品尝，欣赏着窗外美景，这不正是您辛苦打拼追求的美好生活吗?"

3. 留点悬念

粉丝在直播间看你讲解房源，会不时抛出各种问题，地理位置、规划设计、经济价值、物业管理、居住理念等。面对粉丝的问题接踵而至的局面，房地产主播一定要多向粉丝提出问题，在充分了解粉丝的喜好、需求以及主推房源等因素后，进行重点推荐和讲解。

切忌推荐或讲解过度，因为过多的信息会让客户眼花缭乱，记不住房源的优势，从而失去购买欲望。在讲解一套房源的时候，可以同时提供两到三套差异较大的房源进行比较，这样能满足客户"货比三家"的心理需求，但是不能有求必应，防止粉丝提出过多要求，你无法一一满足。

房地产主播在直播间一定要学会控场，用热情和专业感染粉丝。

下　篇

售楼冠军微信营销引爆成交

第六章　售楼微信账号设计

“邓老师，真巧啊，您也住这个小区啊，来这里买东西？”

“是啊！”

“邓老师，我是咱们小区门口××房地产中介小龙女，每天都从朋友圈看到您全国各地到处飞，给房地产中介培训，我和公司同事都参加过您的培训，培训内容对我们帮助很大，以后我们还会组织团队参加。”

“嗯，谢谢！今天周末，准备买点东西，带儿子出去玩，平时工作太忙了。”

“那是，我看您昨天还在其他城市讲课，真是挺辛苦的，我也经常给您点赞。”

以上对话在房地产经纪人的日常作业中经常出现，因为我们跟业主一样，每天都在公司业务所辖商圈活动，只要添加了业主微信，不是线上见，就是线下见，这也给我们开展房地产销售工作创造了更多机会。

房地产经纪人和业主可以通过微信私信和朋友圈动态相互了解，

拉近彼此的关系，关注业主的工作、生活，及时服务业主，利用各种机会得到业主的委托，甚至独家委托，增加成交概率。

房地产经纪人可以通过客户的朋友圈动态，了解客户的基本情况，给他推荐相应的房源；客户也可以通过你的朋友圈动态，了解商圈配套和能够享受的买房服务以及你的公司情况和个人情况。当客户对你推荐的房源满意，又正好想买房时，带看的机会就来了。

房地产经纪人可以通过微信联系多年未见的亲戚、朋友、同学，让他们知道你在卖楼，而且非常专业，会增加他们找你买楼的机会。在全国巡回讲授《指尖上的房地产销售》线下公开课时，我经常强调一定要把身边的人脉添加到微信上，这是很重要的资源。让我印象特别深刻的是，一个来自不足百万人口的五线城市学员听了这话，回去立刻把幼儿园到大学的老师、同学以及他们身边的关系，从近亲到远亲以及他们身边的关系，从身边好友到只有一面之缘的朋友以及他们身边的关系，全部列出名单，并通过各种途径添加微信。不到半年，这位学员的业绩增长了几倍，在公司代理的新楼盘数量也稳居冠军宝座。

在移动互联网时代，客户买房的习惯已经发生了变化，大多数客户都习惯于先在线上了解房源，有了明确意向才考虑线下看房。微信作为房地产经纪人与客户沟通的主要工具之一，可以随时随地将文字、图片、视频发送给客户，让客户更直观、全面地了解楼盘信息，获得更强的体验感。所以，房地产经纪人可以充分利用微信邀约客户看房。

一个微信账号就是一个线上店铺，一个微信账号可以添加5000个好友，这个数量相当于一个中等规模的小区，广告触达作用不亚于把一个门店开在小区门口。目前，一个人允许开通认证五个微信账号，如果把好友加满，可以达到 25000 人，而视频号又不限制人数，这样一来，广告效应会迅速显现出来。那么，应该如何“装修”微信这个线上门店才能吸引更多客户呢？

一、微信账号设计的三重境界

自从微信进入营销领域，就被各种工具“附体”，“批量加人”“自动打招呼”……号称每天能加几千乃至几万好友，鼓吹用一部手机就能把生意做到全世界，躺着轻松赚大钱。回头看看，有多少人用这种软件赚得盆满钵满？又有多少人还在继续使用这种软件加人卖货？还有多少人对这种所谓的自动化营销深信不疑？

将技术运用到更多领域本身是件好事，但一定要建立在合理、合规、合法的基础上，服务用户、服务社会，在微信这个生态系统中亦如此。多数人在添加粉丝时都会进行筛选，再决定是否添加为好友。所以，我们在申请成为客户好友时，不妨换位思考：你是怎样筛选别人的，客户也会怎样筛选、添加经纪人。通常情况下，大家在决定是否通过他人的好友申请时，会考虑以下几件事：

（1）这个人我是否认识？是什么身份？一般会通过头像及名字、账号（是否为通讯录好友）进行识别。

（2）这个人为什么要添加我的微信？是交朋友，还是推广业务？

（3）我添加了这个人的微信后能获得什么好处？从他的朋友圈能获得哪些有价值的信息？

通过回答以上三个问题，客户可以初步了解经纪人。所以，房地产经纪人对微信账号的设计非常重要。对微信账号的设计，有以下三重境界：

第一重境界：不用真人头像，不用真名，不显示朋友圈给非好友看。采用这种设计方式的房地产经纪人，通常不想让没有成为好友的潜在客户知道自己是房地产经纪人，经常在朋友圈卖楼。一旦客户知道自己是房地产经纪人，经常在朋友圈发广告，那么申请添加好友的通过率会很低。

我们可以换个角度思考这个问题：如果你是客户，你会添加这样的好友申请吗？其实，微信卖楼不是双方成为好友之后才开始的，而是在房地产经纪人申请添加客户成为好友的时候已经开始了，知道你是房地产经纪人，仍然通过你的申请，加你为好友的，才是真正有买楼想法的客户。申请微信好友的通过率不是验证客户是否买楼的唯一标准。

第二重境界：使用真人头像和真名，但看不到朋友圈内容。采用这种设计方式的房地产经纪人，通常朋友圈房源广告发得比较多，担心被同行抢走房源信息，或者希望跟客户成为好友以后再私信给他们房源信息。其实，这就跟见到一个人，给他递上一张名片，然后说一句“我是卖楼的，有需要找我”一样，多数人会把名片放到一边，慢慢淡忘。微信亦如此，如果不给客户看你朋友圈发的房源信息，他们很难对你留下深刻的印象。

第三重境界：使用真人头像和真名，开放朋友圈。采用这种设计方式的房地产经纪人通常是比较自信的，敢于面对业主、客户，甚至同行。那么，开放朋友圈要不要设置三天可见，或者一个月可见呢？我认为，没有必要设置。客户添加你的微信时，可能会翻看你的朋友圈，了解你发的房源类型是否符合他的需求，如果设置三天或一个月可见，可能导致客户不能充分了解你的房源信息，或多或少会降低通过率。

以上三重境界，你现在处于哪一重呢？

二、如何将账号设计得出彩

1. 微信名字

微信名字的组成为姓名+区域+业务。姓名可以用真名，也可以用有特点又好记的工作名，例如小龙女、乔峰、段誉、赵敏等；显示区域和业务有利于在添加客户时锁定对你业务范围内的房产感兴趣的客户。

2. 微信头像

微信头像要使用真人职业照。照片要适当进行美颜，而且最好使用半身照，因为微信头像是正方形的，手机显示出来也很小，半身照更加清晰可见。那么，微信头像上是否要加电话、职位或者公司 logo 等元素呢？我认为，微信头像越简单、越容易被客户记住越好，放太多商业元素会降低申请添加好友时的通过率。

3. 微信号

微信号最好用手机号码或手机号码加简单字母，方便客户搜索添加你的微信。

4. 微信位置

将微信位置设置为你所在的地区是最好的，这能够让陌生客户添加微信时看到你的地理位置，本地客户看到你的微信位置是本地时，也会增加一些好感。

5. 个性签名

通过个性签名介绍自己或介绍业务时，要使用积极的语言。

三、如何管理多账号

我国房地产中介连锁企业的最大特点是经营的统一性，一个房地产经纪人在面对自己的多个微信账号时，经营思路也应如此。运用微信多账号开展房地产销售工作时，可以从以下几方面入手：

1. 统一管理

要对微信头像、微信名字、地理位置等账号信息进行统一管理，这样更有利于客户记住你。为了便于管理，可以在微信头像或者微信名字右下方标记序号，如林永青①，林永青②，林永青③。

2. 有序涨粉

如果一个微信账号频繁添加客户微信，系统会提示“操作过于频繁”，这时可以间隔一段时间再继续添加，也可以换个微信账号添加。就像房地产经纪公司在一个区域开多家门店一样，客户不在这个门店买房，也许会在另一个门店买房。另外，不要等到一个微信账号加满人再开启新账号，一个微信账号添加了一两千好友时，就可以开启下一个账号了，之后再慢慢添加好友。

3. 高效推广

多账号管理时，房源推广内容要标准化，而且在每个账号上要同步推送。文字、图片、视频都要有，满足不同客户的感官需求。每条房源信息要使用多种方式推广，比如一对一私信客户、发朋友圈、发微信群、发视频号，全方位覆盖，提升广告效果。

第七章　如何快速储备微信客户量

从在商圈的黄金位置开设门店，到在各大网络平台不断刷新置顶房源，再到房地产经纪人通过自媒体卖房，从微信到短视频，客户的看房方式在不断变化，获客模式也在不断变化，但获取更多流量的目的没有变化。今天这个时代，客户每天将大量时间花在手机上，所以房地产中介公司把门店开到客户手机里是最好的销售方式。房地产经纪人利用微信进行房地产销售也是同样道理，不断添加客户微信积累私域流量，才能持续营销，达成更多交易。

一、有哪些微信涨粉入口

1. 扫描微信二维码添加微信

扫描微信二维码添加微信是最简便的增粉方式，可以打开微信二维码让客户扫，也可以把微信二维码保存下来，印刷到名片、单页、工牌、展架、KT展板、手机外壳、工服、端口、论坛、自媒体帖子、朋友圈房源图片等物料上，方便客户随时随地扫码。如何让业主、客户主动扫码添加你的微信呢？

如果是业主，可以通过提供日常服务增加他们扫码的机会，比如扫码免费送快递；扫码免费送打印资料；扫码免费照看孩子（学校附近的门店可以提供此项服务）；等等。也可以从业务上着手，比如扫码免费委托房源等。

如果是客户，一定要围绕客户的核心关注点设计扫码活动，比如扫码看特供或特价房源；扫码获取最新新房优惠；扫码即享新房内部价；扫码免费专车接送看房；扫码省钱买好房；等等。

那么，扫码时是让客户扫你还是你扫客户呢？虽然都是互粉，都能成为好友，但两种方式给人的感觉是不同的。客户扫你的二维码，是他成为你的粉丝；你扫客户的二维码，是你成为他的粉丝。所以，房地产经纪人要优先选择扫客户的二维码，成为他的粉丝，以增加对方的心理优越感，尤其是对于那些比较看重身份或有一定地位的客户而言，我们更要积极主动扫对方二维码。

当选择让客户扫你的二维码时，要注意以下三点：

①建议把二维码打印出来贴在工牌上或手机背面，这样一说要扫码加微信，马上就能亮出二维码，不会因为网络不好或手机没电扫不了码。现场加上客户微信是最好的，因为双方分开之后再加微信的成功率就会降低很多。

②客户不愿意添加你的微信，主要是出于以下三个原因：一是怕被打扰；二是怕泄露隐私；三是市场上房地产经纪人很多，客户不一定选择你。因此，在让客户扫码添加微信时，一定要告诉客户：一是不会每天群发信息打扰他；二是添加微信是为了更好地提供服务，不会泄露他的隐私；三是选择跟我买房、卖房更安全、更省心（此处可以列举几点自己的专业优势），同时要注意，千万不要在客

户面前贬低同行、抬高自己，这会让客户认为你在“王婆卖瓜，自卖自夸”，反而失去对你的好感和信任。

③客户扫码添加你的微信时，要注意三个细节：一是设置免验证，减少“申请为对方好友”这个步骤，节省添加时间，同时会显得彼此地位平等，客户更能接受。二是设置朋友权限为“聊天、朋友圈、微信运动等”，与客户坦诚相见，让客户通过朋友圈了解你的房源，也了解你的日常，增加客户信任和销售机会。三是添加成功后，要第一时间将你的个人简介发给客户，加深客户对你的印象，同时将现场推荐的房源也一并发给他，即使客户把传单扔掉了，在微信里依然能看到房源信息。

那么，客户一旦离开，是不是会立刻把微信删掉呢？如果房地产经纪人有这种担心，可以在当天晚些时候再次给客户发微信，一来看看客户有没有把你删掉，二来趁热打铁推荐房源，三来通过微信再给客户讲解一遍房源，让客户加深印象，并将你的讲解内容跟家人、亲朋好友分享。

2. 通过手机号码添加微信

通过手机号码添加客户微信的，建议同时开启两个功能，在“我”—“设置”—“隐私”下方的“朋友权限”中打开“向我推荐通讯录朋友”和添加我的方式可通过“手机号”两个按钮，方便客户在手机通讯录中有你的手机号码时，或你在手机通讯录中有客户的手机号码时，直接添加对方微信。

3. 群聊

微信群可以容纳 500 人，这就意味着你进入一个微信群，就有将近 500 个潜在销售机会。但是，不要奢望发了房源广告就有回音，这样的概率并不大，因为每个人都有很多微信群，不可能逐条查看群内信息，特别是广告多的群，看的人会非常少，而且绝大多数群都禁止发广告。所以，我认为通过群聊逐一添加微信，再私信营销效果更好。这里要提醒一下：一定要分批加人，50 人一批或 100 人一批，千万不要一口气把 500 个人加个遍，会有被举报的风险。

另外，商圈的购物群、业主群、团购群、升学群、商家自建群等，里面会有大量业主；而亲戚群、同学群、朋友群、车主群、名牌群或其他小区业主群等，里面会有大量客户，这些群都是房地产经纪人的开发对象。当然，开发之前要锁定房源的目标客户群体，知道他们在哪里，有什么习惯或兴趣爱好，再去有针对性地添加微信，这样会更加精准有效。

4. 名片

房地产经纪人一定要利用每个微信号的 5000 个好友，想尽一切办法让他们推荐微信名片给你，让他们成为你的房地产销售渠道。那么，怎样才能让更多人愿意给你推荐名片呢？一是要展示你的个人形象与专业形象，这个我们在后面朋友圈营销章节中会重点展开讲述；二是要主动跟每个人说，让他们知道你需要他们为你推荐微信名片，要持续地说，换着话术说；三是要有一些回馈，比如为你推荐名片的客户可获得礼品。

5. 通过微信号添加微信

微信号可以自己设置，所以越简单越好。一般情况下不会通过微信号添加微信，只是作为备选。

二、如何添加客户微信通过率更高

在微信营销的培训课堂上，经常有学员问："林老师，加客户微信时有没有100%通过的话术啊？"我告诉他（她）："有，那就是让业主或客户主动加你的微信！"那么，如何让业主或客户主动加你微信呢？请反复看上面讲的第1点，再列出10个别人主动加你微信的场景或理由，重复地去做，会让主动加你微信的人越来越多。

如果不能做到每天都有业主或客户主动找你，就要主动去加别人微信了。这里从以下八个方面告诉你如何提高添加微信的通过率。

1. 空白型

添加客户的时候，在打招呼的地方留白，把默认的"我是×××"删掉，一般客户看到空白，就会好奇，然后去查看你的微信头像、微信名字、所在区域以及朋友圈内容，这样一来，就能对你有一个基本的认识，对你的业务有一个基本的了解。房地产经纪人也要利用这个机会筛选出最近想买房或者有买房计划的客户。

2. 利益型

很多业主或客户都在做微商，所以添加他们的微信时，不妨先看看他们的朋友圈，因为他们也需要客户，如果能够互相成就是双赢的结果。加他们微信的时候可以在打招呼栏写上："想了解你的产品。"写上这样的话更容易获得通过。成为好友之后可以先聊聊客户的产品，加深客户对你的印象，在这种情况下，客户也会主动看你的朋友圈，进而了解房源信息。所以，请记住一句话：要想别人成为你的客户，你要先成为别人的客户。

3. 福利型

在房地产销售中我们常说一句话："客户不是要便宜，而是要占便宜。"利用微信营销亦如此，可以让客户先占便宜，打招呼时可以写上："凭此微信看房或委托获赠好礼""凭此微信立享免费豪车接送看房"，类似的话术可以多准备几种，交替使用。

4. 推荐型

这个一般用于客户转介绍或者亲朋好友、同学介绍，最好备注上×××推荐，有利于后续的跟进工作顺利开展。

5. 自荐型

自荐时要重点突出你的专业和能给客户带来的好处。比如，要在广州省钱、省力、省心买好房，通过微信即可找我在线看房；又如，7 年专做××商圈，加我微信了解商圈、咨询房源。

6. 缘由型

在当今这种大环境下，每个房地产中介公司，甚至每个门店、每个经纪人，都应该深入思考，如何改变以往的邀约模式和邀约话术，积极转变方式，把单纯的邀约看房转变成邀约和添加微信双管齐下。打电话前先统一加一遍微信，再打一遍电话，之后再加一遍微信，这样可以大大提高添加微信的成功率。

7. 关系型

现在可以打开你的微信，看看你加入了多少个微信群？是否把群里的人都添加了一遍？打招呼的时候一定要告诉对方，你是通过哪个群申请添加好友的，这样会有一定的信任基础，还可以结合上面的第 2、3、5 点进行说明。

8. 请教型

对于在某些领域比较知名的人物或者权威人物，房地产经纪人可以用请教的口吻跟对方打招呼，比如，“很荣幸添加您的微信，想向您请教……”

三、如何加粉更容易涨粉

一个房地产经纪人想要在微信上推广房源并获得较好的效果，有较大的数量保障是关键。每天有 500 个客户和 5000 个客户看到你发的房源信息，结果肯定不一样；粉丝越多，看到房源信息的人就越多，如果这些人经常接收到房源信息，就会从潜意识里认可你的房源，那么，从你这里寻求房地产交易服务的可能性就会大大增加。所以，不管你卖的是什么类型的房源，每天都要想方设法增加粉丝量，因为粉丝量是多开单的重要保障。

1. 坚持每天加粉

万丈高楼平地起，通过微信做房地产销售，粉丝就是开单的根基。只有拥有足够的粉丝量，才能不断补充有效流量，避免因为被粉丝屏蔽、拉黑、删除导致流量下降的情况发生，从而让房源推广效果也随之下降。拥有足够的有效流量，房源广告才能更好地转化成交。房地产经纪人可以给自己定一个小目标，比如每天加 10 个粉丝，一年下来也能积累几千个粉丝。在加粉的过程中要不断总结，什么时间、什么渠道、用什么话术打招呼会比较容易通过等，找到最适合自己的加粉方法。

2. 坚持多种渠道加粉

坚持多渠道加粉，房地产经纪人要做好两方面工作：一是让微信二维码尽可能多地出现在渠道和客户面前，比如把二维码贴到客户能接触到的每一个工具上；二是主动添加客户微信，“山不过来水过去”，客户不主动的时候，我们一定要主动，一个客户就代表着一个开单机会。

3. 坚持更新加粉话术

不同客户想听的话不尽相同；不同渠道客户的接触点也不尽相同。以上我分享的话术大家可以抄写下来，用到不同客户、不同渠道上。更为重要的是，一定要持续更新话术，将一条话术应对千万人和千万条话术应对一个客户的方式相结合，在变与不变中不断加粉，开发客户，达成交易，提升业绩。

第八章　微信客户开发的实用技巧

一、新增粉丝的 ABC 管理方法

在开发客户的过程中，要根据不同阶段记录客户的重要信息并添加标签，这是为了方便、快速地搜索客户，精准地找到客户，进行有针对性的沟通。

针对业主和客户，可以用不同方式备注微信名字，业主可以用小区名字的首个字母作为开头，客户可以用 ABC 开头代表重要程度，再设置相应的标签，就能很方便地管理一个微信账号上的几千个粉丝了。

1. A 类粉丝

A 类粉丝在所有粉丝中是“重要的少数”，他们是从目标客户中选取的细分客户。因此，对 A 类粉丝应投入几倍于其他类粉丝的精力进行维护。也就是说，A 类粉丝的数量虽然少但价值极高，是每个房地产经纪人必须重点开发管理的，他们值得你花更多时间讲解、匹配房源，服务带看，每天点赞、评论、问候、祝福等，享受最细心、周到的服务。

2. B 类粉丝

B 类粉丝的数量与质量介于 A 类与 C 类之间。房地产经纪人应当将这类粉丝作为重点管理对象，两三天给他们发一次微信，听取他们对房源的需求和想法。

3. C 类粉丝

C 类粉丝指的是处于观望中的客户，这类粉丝的数量虽然很多，但要长期跟进，因此，不宜频繁地给他们发送房源广告，也不能置之不理，有空的时候给他们点赞，有时间的时候问候一下，总之，一定要不时地出现在粉丝面前，让他们时刻记着你在微信上卖房。

总的来说，就是要让 A 类粉丝非常满意，让 B 类粉丝比较满意，让一部分符合要求的 C 类粉丝的满意度逐步提升。

那么，如何对粉丝进行分类呢？房地产经纪人可以从三个方面对潜在客户进行鉴定，包括客户现在的需求与欲望、支付能力及决策能力，从这三方面进行判定，有助于重点邀约带看。如果按照传统方法，每次都不分主次、不分轻重地群发房源广告，看似节约了时间，实则浪费了大量时间和资源，甚至有个别房地产经纪人打招呼时随意叫“哥”叫“姐”，造成了尴尬局面，导致被屏蔽或者拉黑。所以，对粉丝的管理越细致，越有助于多多开单。

除了分类，在每一个粉丝的备注和标签上还应包含两个内容：电话和描述。把客户电话备注在他的微信上方便随时查找，也可以在客户长时间没回微信时跟客户电话沟通，避免因为自己换手机找不到客户电话。另外，可以用文字和图片对客户进行描述，文字可以把我们跟客户之间的往来做一些简单记录，更好地推进成交进程，在成交之后，这也可以成为一个很好的案例，也是客户很美好的回忆；同时，可以把跟客户的合影存起来，作为与客户沟通和服务客户的素材，跟客户产生更好的共鸣，促进更多地开单。

二、新粉丝的N种房地产销售聊法

房地产经纪人的微信粉丝来自不同渠道，那是不是对所有渠道添加的粉丝都使用一样的话术呢？我们曾经做过调查发现，很多房地产经纪人都有一套固定话术，凡是申请添加微信的都是同样一段话："××您好，这是××小区的×房×厅优质房源，低总价（低首付）……房源资料发给您,您先看一下，回头我再跟您详细沟通一下……"

之后再联系时，客户通常会给出以下几种回复：①我还没看房源资料呢；②我先看一下啊；③我考虑一下啊；等等，这些回复让很多房地产经纪人陷入了约看的艰难境地。在这种情况下，一些房地产经纪人会使用第二招，就是问客户："您还考虑什么啊？有什么问题我随时可以给您解答，您再不来看房，房子就被别人买走了！"面对这样的提问，客户会怎样回复你呢？是不是得到一堆表情或者一堆"哦"，甚至根本得不到回复。

遇到这种情况，有些房地产经纪人就会猜测：是不是房源不合适，是不是客户在忙，是不是我不够优秀……然后施展第三招——推送其他房源，并且换着时间发，同时，发各种客户看楼图片。使用这种方法多少也能得到一些客户的回复，但毕竟是少数。

那么，对于新添加的粉丝，房地产经纪人如何进行第一次沟通，才能给粉丝留下深刻的第一印象，并增加信任感呢？我们将针对不同渠道的粉丝进行不同的策略讲解。

1. 完全陌生的粉丝

从微信群、网络、店铺店主、名片、传单等处添加的粉丝，基本上都是完全陌生的粉丝。面对这样的粉丝，如果一开始就像审问一样沟通，会让对方很反感。正确的做法是，沟通前要做好充分准备，将个人资料、房源信息、客户见证等素材都整理好，沟通过程中要把握好语调、语气，营造轻松、愉悦的沟通氛围。

（1）自我介绍

多数房地产经纪人的自我介绍都是公司名加上个人姓名，这样的自我介绍没有利用好微信的优势。因为微信沟通的即时性没有那么强，客户很可能是一段时间以后才看见你的微信，所以，初次问候时多交流一两句话问题不大，对之后的沟通可能会有促进作用。

第一次沟通时的自我介绍可以采用这样的公式：关系+优势+好处。比如，感谢姐（称呼要结合当地习惯）加我的微信，很荣幸我们都在×××微信群。我在××（商圈名）服务业主、客户买卖房产×年，希望您成为我的第××个客户。找我买房立享专车接送+VIP 服务+安全省钱。

发送以上文字之后，可以再发送一张个人荣誉照片（或在门店招牌下拍摄的个人照片）和主营楼盘环境照片的拼图。图片可以用短视频代替，时长不要超过 10 秒钟。我建议发送图片，因为图片的点开率更高，短视频可以用在后面的房源介绍上。

（2）推送房源

在端口时代，用低价房源吸引客户是很多房地产经纪人常用的推广策略，那么，用微信拓客，除了低价策略，还可以使用哪些策略呢？

①房源：内外结合。文字描述暂且不说，图片和视频形式的房源信息一定要室内、室外相结合，这样更能吸引客户注意，引起客户的购房兴趣。

②价格：高低结合。可以推送两套高低价的房源给客户，一来客户可以了解小区的房价，二来客户会进行比较。如果只发一套房源，想100%命中客户需求，难度是比较大的。同时，作比较是客户购房过程中常见的心理需求，提供两套房源可以提高客户了解房源后的回复率。

③房评：主客结合。推送房源时，配合你对房子的评价和其他客户对房子的评价，更能影响客户的购房行为。这就跟购买其他产品一样，看评论或者征求别人意见是必要程序。你的评价能够体现你的专业性，加深客户对你的认知；而其他客户的评价相对客观，让客户感受到真实、安全、可靠。

（3）房源讲解

推送房源之后，房源讲解是非常关键的一步，而且需要把握讲解的尺度。建议把讲解内容分成几个1分钟以内的短视频，这样完播率更高，也更容易吸引客户。同时，通过视频形式讲解房源，能够跟客户之间形成互动，可以更好地引导客户。

这里掌握三个要点：一是时间不宜太长，1分钟之内最好；二是一定要提前准备，讲重点，讲重点，讲重点；三是控制语调、语气，要让别人听起来舒服。

2. 有过接触的粉丝

打过电话、地推见过面、社交场合交流过都是有过接触的粉丝，对于这类粉丝的开场白就要开门见山，快速把粉丝引入买房流程。

房地产经纪人可以使用这样的开场白：感谢您（称呼要结合当地习惯）选择在这买房！我是您的专属经纪人×××，入行×年，就盼着帮您买到满意的房子！很荣幸今天在×××跟您见面/通话，有机会给您推荐优质房源。即刻起，凭此微信将享受三项贵宾服务：①1对1专属服务；②市内看房免费豪车接送；③看房送好礼。

房地产经纪人可以根据实际情况对开场白模板进行调整，本着“唤醒客户记忆、突出优势、提供特色服务”的原则，一方面能够加深客户对你的印象，另一方面能够通过服务让客户保留你的微信。

开场白这条微信发过去之后，客户不一定会第一时间回复你，这个时候，可以接着发送之前给客户介绍过的房源信息，重点发送契合客户需求的信息。客户需求可以从前期沟通或是朋友圈中分析得出。同时，通过语音或文字再将房源讲解一遍，让客户加深对房源的了解。

如果前期沟通比较少或者看不到客户朋友圈怎么办？换位思考，刚需客户的买房需求其实没那么复杂，从交通配套、教育配套和生活环境三方面入手讲解即可。这样一来，客户对你推荐的房源就有了基本了解，一次性讲解太多客户也记不住，反而会扰乱他们的思路。

发送了房源讲解微信以后，需要给客户一些时间，因为他们需要消化你发的内容，千万不要立刻进行语音或视频通话，把客户逼得太急容易适得其反。如果客户长时间未回复，不妨换一种思路和方法，从视频号中挑选两套价格不同的房源，间隔一段时间，发给客户做对比。对于有买房意愿的客户来说，在有参照的情况下，更希望实地看房。房地产经纪人也要通过追踪线上客户的关注点，更细致地了解客户需求，以备线下带看时有的放矢地规划带看路线和讲解房源。

3. 他人推荐或主动添加你微信的粉丝

对于客户转介绍或者主动添加你微信了解房源的客户，我们可以采取以下方式进行沟通：

（1）通过客户转介绍添加微信

对于这种微信客户，一定要牢牢把握“关系”这张王牌，发挥好“关系”的作用。在通过微信好友申请时，一定要明确介绍人及添加缘由，让客户明白你的来意。这里有一个与客户沟通的“211法则”，即“两个感谢、一个自我介绍、一次房源讲解或需求沟通”，具体运用方法如下：

一是“两个感谢”。感谢推荐人的热心帮助，让你有机会为更多客户提供买房、卖房服务；感谢新客户添加你的微信找你买房、卖房。

二是“一个自我介绍”。“我入行××年，专注房地产销售，至今已成交××套房，非常开心能帮助××个家庭买到满意的房子，非常感谢我的客户经常介绍亲朋好友购买这个小区的房子，让大家成为邻居，很荣幸您成为我服务的第××个买房客户，非常期待在接下来的买房过程中帮您省钱买好房。”

三是“一次房源讲解或需求沟通”。如果客户已经明确看什么类型的房源，房地产经纪人就要第一时间给客户推荐符合需求的房源，同时再进行一次讲解。如果客户想先了解小区，就要重点介绍小区的优势及卖点，同时给出你的专业建议。如果客户只有买房的想法，还没有明确的需求，可以先推荐商圈或小区，摸清客户的基本需求与想法，然后做模糊匹配，再进一步向客户确认意向；也可以邀约客户到门店面对面沟通或实地看房，让客户明确自身需求，再加上你提供的匹配房源，会有很好的成效。

另外，借助客户关系邀约看房也是非常不错的选择。如果给你转介绍的客户是所在小区的业主，你就能以跟业主做邻居为由邀约新客户来看房；也可以将业主的居住体验告诉新客户，以传递买楼信心；还可以组织聚会，把双方邀约到门店喝茶（可以根据当地习惯调整方式），先建立关系，顺便推荐房源，再顺势带看，也不失为一种循序渐进的带看策略。

（2）通过扫描他人转发的二维码添加微信

房地产经纪人的一部分微信好友是通过陌生人扫描印在海报、宣传单上的二维码添加的，一般情况下都是微信好友顺手转发了你朋友圈的图片或是将宣传单私信给了某些人，所以，要把二维码贴在任何可以贴的地方，二维码贴得越多，销售的机会就会越多。

这类陌生客户主动找上门，一定是对买房或卖房有兴趣，房地产经纪人可以简单询问一下客户情况，比如，您方便告诉我是怎么知道我的微信的吗？在这个小区有喜欢的房源吗？通过这两个问题判断客户是否了解过相关信息，并了解客户的沟通习惯。如果客户表现得很积极，说得比你还多，那我们就要多提问，引导客户回答，以便更多地了解客户需求；如果客户比较沉默寡言，回复很简单，那我们就要多说，将自我介绍、房源信息、客户评价、公司简介等尽量详细地分享给客户，为客户提供决策依据。

（3）通过扫描传单上的二维码添加微信

我们在“指尖上的房产销售——玩微信玩成售楼冠军”课堂上做的调查显示，很多房地产经纪人使用微信卖楼时都会有这样的经历：如果你刚刚通过一个客户的好友申请，就用一连串问题审问似的开始所谓的“需求了解”，得到的结果可想而知。

当然，有一类客户比较积极主动，往往添加微信之后，第一句话问价格，第二句话砍价格，第三句话就是拿你推荐的楼盘或房源跟竞争对手推荐的楼盘或房源作比较，但询问了一阵以后就沉默了。这让房地产经纪人很困惑，到底是不是真客户？到底是不是真想买房？到底着不着急买房……然后绞尽脑汁想办法跟进。

造成这一局面的根本原因是房地产经纪人还没有跟客户建立起信任感，或者彼此的了解还不够。房地产经纪人可以通过以下几种方式加深客户对自己的信任：

第一，根据客户的沟通习惯确定沟通形式。一般在跟客户打招呼的时候，客户出于礼貌都会回复，只是我们要判断一下客户习惯用文字、语音还是表情进行沟通，再确定沟通方式。切记：文字和语音一次都不要发太长，使用语音时一定要调整好语调、语气，给人亲切之感，而且要使用普通话，尽量不用方言，以免出现沟通障碍，导致销售进程无法推进。

第二，要主动跟客户拉近关系。可以跟客户谈论他感兴趣的话题，这个可以从他的朋友圈挖掘，找到他最想的、最在乎的、最爱的。比如，客户经常晒他家宝宝，感到很幸福，那你就适时地赞美一下他的宝宝，聊一聊育儿经历，倾听他与宝宝的故事。你会发现，通过这样的交流，你跟客户之间的关系很快就建立起来了，双方有了亲近感，客户会觉得你能站在他的角度考虑问题了，所以也就能理解他的需求了。

第三，要学会以客讲房。面对刚需买房客户，围绕他的家庭成员讲解房源信息最能让他感同身受，并且印象深刻。你需要告诉客户的是，“您现在考虑的这些问题其实大部分客户都考虑过”，以这样的话术打消购买初期客户的心理疑虑，同时，这也体现你的专业度。

比如，一个80后想买一套三室两厅的房子，可以这样介绍：像您这样的白领，购买我们这个小区房子的是最多的，上半年我们门店80%的客户都跟您年龄相仿，也都是各行各业的精英，又特别顾家，我也希望有一天能有您这样的成就。选择住在这个小区，孩子上学特别方便，因为学校就在小区门口，孩子不用每天起大早，能够保证充足的睡眠，以旺盛的精力投入学习中，这是取得好成绩的保障，也为以后拥有更美好的生活奠定基础；同时，这里生活也很便利，小区门口就是菜市场和超市，父母每天可以买到新鲜肉菜，给全家人做好幸福晚餐，等着您和孙辈回家共进晚餐，这样您也可以全身心地投入事业；这个小区是人车分流，汽车都停在地下车库，小区地面限制电动车进出，所以小孩在小区里玩耍是非常安全的，老人也能够享受安静、舒适的生活环境；从这里开车到市区上班需要15分钟左右，省时、省力、省心，让您有更多时间和精力开创事业、经营家庭。

有了这段房源讲解，再配上楼盘及配套设施的图片或短视频，客户对这个小区和你的印象就会更加深刻，然后你再根据客户的回复推荐匹配房源，并邀约客户看房，自然水到渠成。

第四，要以服务制胜。客户用十几年甚至大半辈子奋斗的积蓄买房，特别希望能省钱买好房，而且交易过程要安全有保障，这也是很多客户优先选择熟人买房的原因之一。所以，跟陌生的房地产经纪人买房，客户多少还是有些顾虑的，提供优质、贴心的服务是打消客户顾虑的好方法。

除了给客户提供房源讲解服务，房地产经纪人还可以给客户分析楼市发展情况，提供选房技巧，还有告诉客户，公司提供的是团队服务，选房、看房、接送、谈价、交易、物业交割等都有专人提供专业服务，让客户 100%放心。我们也可以给客户发一些服务案例和客户评价，让客户认定自己的选择是正确的，也为顺利邀约看房奠定基础。所以，房地产经纪人平时一定要多积累服务案例和客户评价等，建立客户沟通素材库，提高微信卖楼的转化率。

第五，要主动邀约看房。主动加你微信了解房源的客户，通常对房源已经有了初步了解，而且对房源比较满意。面对这样的客户，房地产经纪人在介绍业主情况时要特别注意措辞，可以说业主出国、换大房子等，让客户感觉捡到了大便宜，最好不要说业主需要资金周转、业主急售等，这很容易让人联想到业主是不是做生意亏本了等负面信息，进而给客户不好的心理暗示，影响他的购房决策。

在介绍房源时要掌握几个关键点：①地段（要突出距离上班地点不远或者配套设施完善等）；②楼盘（要突出小区环境好等）；③户型（要突出新房样板间的特点等）；④价格（要突出客户的积蓄和收入能负担得起房价等）；⑤业主情况（要突出二手房的特性）。

房地产经纪人一定要养成复盘的习惯，认真琢磨、研究微信聊天记录，一般客户最关注的问题都会在开头询问，或者在聊天中反复提到，抑或在你提及后迅速回复，只要能抓住这样的细节，就很容易找到客户的心动点，以此作为邀约客户看房的重要抓手，能够提升邀约成功率，这个心动点也可以作为设计带看路线的重点、看点和卖点。

三、房地产销售微信跟进策略

1. 微信跟进客户的三大目的

（1）通过微信为客户提供买房、卖房服务，解除客户疑虑。

（2）通过微信跟进，让客户记住并了解我们。

（3）通过微信跟进，与客户建立关系，增加彼此信任。

2. 微信跟进客户的三大策略

（1）以实为本

现在，我们跟客户沟通常用的渠道有面对面交流、电话、短信以及微信，每种渠道都有各自的特点，面对面沟通效果最好，电话沟通最方便，短信沟通效果相对差一些，微信沟通最多样化，可以使用文字、语音、图片、短视频等多种形式，能更加全面地展示房地产经纪人的专业性和房源信息等。所以，在客户不方便见面或者不方便接听电话时，就需要充分发挥微信沟通的优势。

通常，我们在添加客户微信之后，会用微信给客户推送房源信息以及个人信息、公司信息等，让客户对房源有一定的认知。但现实是，有些房地产经纪人把资料发给客户之后，就留言让客户自己看，殊不知，能够打开图片、视频认真查看的客户非常少，大多数客户都会选择有时间再看，这样反而降低了客户的购房热情与热度。

面对面沟通的效果之所以最好，最重要的原因就是让客户有真实的感受，见到房地产经纪人，见到房源，见到门店，一切都是真的。所以，微信沟通时，也要让客户有真实感，通过声音、情感和画面等跟客户用心沟通。具体操作如下：

首先，利用三张重要图片——职业照或工作照；楼盘照片；客户看房照片。每次跟进客户时，配上一张职业照或工作照，让客户迅速想起你，并加深对你的印象。发照片时要配上一句话：××，很高兴又见到您，很开心为您提供买/卖房服务！这句话可以经常变化，比如：微信一响，黄金万两，帮您省钱买好房的我又出现啦！房子恒久远，一套幸福传，安心买好房，××（你的名字）来帮忙！好房子，我送到，××（地名）买房，找我帮忙！

对于之前咨询过的客户，每次跟进时可以发楼盘不同位置的照片或不同配套设施的照片，增加客户对楼盘的了解和好感，让他慢慢喜欢上楼盘，就像恋爱一样，经历从相互认识，到相知、相爱的过程。

对于带看过的客户，每次跟进时可以发带看现场照片，这样一方面能够加深客户对看房细节的记忆，方便他跟家人探讨房源，另一方面可以邀约客户复看房源。更重要的是，经常发客户看房图片可以营造买房氛围，激发客户买房热情。

其次，发送图片以后，要补充说明：××，这是您咨询（看房）的第××天，今天我带客户在小区看房，专门拍了小区绿化照片，这是您之前比较关心的。这个小区近一周的成交价是×××××元/平方米，特别是您问/看过的那个户型和楼层非常好，也非常稀缺，您真的对楼市很有见地。一般我们门店从接到业主委托放盘到客户买房只需要××天，您明天上午 10 点或下午 5 点过来看房如何，我开车去接您。

最后，可以在发送照片以后 10 分钟左右，给客户发一段语音，特别着急或意向比较大的客户可以直接打个电话，说：“××，给您发的照片看到了吗？这是您一直想买的小区和房源，很符合您的居住需求。我现在就在小区里，可以在微信上带您看看小区环境。”根据客户需求，通过线上带看再次邀约客户线下看房。

（2）以量为要

在客户买房的过程中，会有很多房地产经纪人给客户发短信或微信，推荐不同地段的不同楼盘、不同房源，那么，如何让客户能够记住你呢？

你发送的微信次数必须比其他人多，不一定每次都发房源信息或者公司的品牌推广信息，也可以只是简单的问候或生活提醒，只要频次高，都能让客户记住你。频率最好保持在 2—3 天一次，这就叫以量为要，量大是关键。这里要记住三个关键点：内容、数量、记忆，做好这三点，客户买房时一定会想起你。

①你发给客户的微信中一定要有对于楼盘和自己的宣传，使用文字、图片或是视频都可以。比如，把你的职业照和楼盘照片拼在一起，并配上问候的话语或是分享的文字，就是一条很好的问候微信。这样不仅能让客户记住你这个人，而且能让他们记住你卖的楼盘，还可以展示你的专业能力，一举多得。

②每次发送的微信内容要有连续性，可以将时间、带看次数等体现出来，像播放电视剧一样，一集一集地出现在客户的微信里，连贯的内容会在客户头脑里形成记忆。你可以使用以下几种话术：

第一种：××，这是我们成为微信好友的第××天，祝贺您喜得贵子！家庭美满！

可以根据客户动态及时间节点调整这种日常问候的文案，这种问候涉及的话题也很广泛，包括结婚、生育、升学、升迁、生日、传统节日等。

第二种：××，感谢您在××××年×月×日咨询我关于××小区的房源，这是您准备买房的第××天，在这里预祝您早日买到满意的房子。您一直想了解××小区的休闲娱乐设施，今天跟您分享一下。

每次问候时跟客户分享一项配套设施，或者客户反复咨询的话题。

第三种：××，这是您看了××小区后的第××天，上次看房时您一直说为了让父母住得舒心，小区环境一定要好，生活配套设施要完善。我被您的这份孝心感动了，一直想着为您一家找到满意的房子，很期待您带着父母再来看一次房，体验这个小区带给您的幸福生活（配图或视频）。

③内容聚焦更容易让客户记住你，并建立信任感。我们研究过很多房地产经纪人跟进客户的内容，大致可以分成三类：

第一类是广告型。有一部分房地产经纪人发给客户的微信内容，除了广告，还是广告，不是房源广告，就是为自己做广告，这种做法非常聚焦，目的也非常明确，可以实现一定的流量转化。但是，如果不分新老粉丝，所有微信好友都用同一种方式，广告的效果就有待考证了。

第二类是日常型。这类房地产经纪人很积极，也很勤奋，每天早上准时群发一轮“早上好”。刚开始，会有一些客户出于礼貌，回复“早上好”，但时间长了，回复就越来越少。仔细想想，出现这种情况也很容易理解，每个人每天在微信上接收的信息量非常大，如果逐一回复，非常牵扯精力，所以对于一些无关紧要的微信，有些人就会选择不回复。另外，每天发送同样内容也缺少新鲜感，不能跟客户产生共鸣，让客户有回复信息的强烈欲望。每天发送心灵鸡汤的房地产经纪人也面临同样的问题。要想持续收到客户的回复，甚至获得交流的机会，发送的微信内容、形式必须有新意，可以使用语音或短视频，效果更好。

第三类是见证型。这种类型通常以两种方式表现：一种是让粉丝点赞，房地产经纪人在朋友圈发了广告后，再群发求赞，引起粉丝注意；另一种是经常私信粉丝，给他们发客户买楼的照片、视频，或者告诉他们房子已售罄等。有些人会借此询问房源情况，也有些人选择观望。见证内容本身是非常好的房地产销售辅助素材，能起到很不错的促进销售的作用，但最好是在客户了解你、你的公司或者房源的基础上使用，这样更能促进销售。

要想内容聚焦，又能很好地促进房地产销售，就要把房产百科、房源信息、房产市场三者结合起来准备见证内容，而且一定要以粉丝为中心，以房地产为核心，以信任为重心，真正为客户解决买房、卖房中的各种问题。

（3）以情为胜

在房地产经纪人已经和客户建立起信任的情况下，给客户发微信沟通时，就不用那么官方了，可以以情动人。

例如，在客户看房之后，房地产经纪人跟进了近 2 个月，客户总是说要再看看，在这种情况下，房地产经纪人可以这样给客户发微信：

××，一日不见，如隔三秋。从×月×日×时×分我第一次带您看房到今天，已近两个月。那天，我们花了一个多小时看了三套房。您说买房是为了父母和孩子，您一直在畅想有房以后的生活，您说的每一句话都深深地印在我的脑海里。

昨天我打电话问您什么时候带家人过来再看一次房，您说最近忙着出差做项目，买房的事要缓一缓再说。为了家庭，您整整忙碌了两个月；为了家庭，您走南闯北，不辞辛苦。您的所作所为让我非常感动。

我很自责，因为那次看房没有让您满意，一等就是两个月。我一直叫您姐，我真的觉得您就是我姐，我期待能帮姐买到满意的房子，期待能看到姐带着父母来看房、买房，期待姐的生活越来越幸福、美满。

3. 微信跟进客户三大注意事项

虽然这是一个短视频时代，但是微信在房地产销售中的作用依然不可小觑，掌握一些微信沟通技巧，能够大大提高房地产销售工作效率，提升流量转化率。当然，在通过微信跟客户沟通时，也要注意以下三点：

（1）注意沟通时间

①避免占用休息时间。

“己所不欲，勿施于人。”切记：不要在休息时间打扰客户，这会让客户非常反感。除非特殊情况，否则尽量选择白天或晚上十点前与客户进行微信沟通。

②提前确认沟通时间。

一般来说，每个人都有不同的作息安排，如果需要跟客户进行长时间沟通，必须提前确认，不给客户造成麻烦，也方便自己安排工作。

第一，一天中适合跟进的时间段。

上午 8：30—10：00，这是一天中人的精力最旺盛的时间段，所以大多数人都在紧张做事，无暇顾及微信消息。因此，房地产经纪人可以利用这段时间对微信上的客户数据进行整理，以提高微信推广及跟进效率。

上午 10：00—11：00，在这个时间段，一些工作已经处理完毕，所以大多数客户会稍作休息，因此这段时间是微信沟通的最佳时间。

上午 11：30—下午 2：00，这段时间是午饭及午休时间，下午 1：00 之前可以适当跟进客户，因为很多人喜欢在吃饭时看微信或刷短视频。饭后的一小段时间也可以进行沟通，但沟通时间不宜过长，以免影响客户午休。

下午 2：00—3：00，人在这段时间很容易犯困，如果是在夏天，甚至会感到烦躁不安，所以，这段时间客户不容易做出重大决策，可以选择让客户了解房源，比如房子通风情况，小区绿化情况等。

下午 3：00—6：00，这段时间是房地产经纪人创造业绩的最好时间，所以，尽情地和客户沟通吧。在这个时间段，要尽可能多地做事情，工作量要比其他时段多 20%。

第二，一周中适合跟进的时间。

周一：双休日结束后上班第一天，很多公司都在周一开例会，客户需要处理各种事情，肯定会非常忙碌。所以，房地产经纪人尽量避开这一天跟进客户，或者能够深入了解客户工作情况，确认客户在这一天无须处理过多事务。如果找客户确有急事，应该避开早上的时间，选择下午会比较好。

周二到周四：这三天是比较平稳的工作时间，也是跟进客户的最佳时间。一方面可以邀约客户出来看房，另一方面可以储备周末集中带看的客户量。房地产经纪人必须充分利用这三天，每天都给客户出来看房的理由，这样才能保证每天都有一定的带看量。

周五：一周的尾声，如果在这一天跟进客户，得到的答复多半是："晚点再联系吧！"所以，在这一天可以邀约客户周末看房。

第三，各个行业适宜跟进的时间表。

行业	适宜跟进的时间
财务工作者	切勿在月初和月末打扰客户，最好选择月中跟进
医务工作者	上午 11：00 到下午 2：00，阴雨天也是不错的选择，因为病人相对少
行政人员	上午 10：30 到下午 3：00
银行工作人员	上午 10：00 以前或下午 4：00 以后
公务员	工作时间均可，最好不选择午饭前或下班前的时间
销售人员	上午 10：00 以前或下午 4：00 以后，特别热或特别冷的天气以及阴雨天也是不错的选择
证券行业人员	避开开市时间，最好选择收市以后的时间
商人	下午 1：00 到 3：00
艺术家	下午 2：00 以前
药房工作人员	下午 1：00 到 3：00
律师	上午 10：00 以前或下午 4：00 以后
教师	下午 4：00 以后
牧师	避免在周末跟进
餐饮业从业人员	下午 3：00 到 4：00，避免就餐时间跟进
建筑业从业人员	清晨或下午 6：00 收工以后
零售商	下午 2：00 到 3：00，避免周末或周一跟进
工薪阶层	晚上 8：00 到 9：00
新闻工作者	下午 3：00 以后
家庭主妇	早上 10：00 到 11：00

以上时间均作为参考，房地产经纪人可以根据客户的具体情况确定跟进时间。因为每个客户都有自己的作息时间，只有制订

有针对性的跟进计划，并切实跟进，才能获得更好的跟进转化效果。

③把握客户沟通时间。

有些客户很能聊，喜欢东拉西扯，如果房地产经纪人在微信跟进时把握不好时间，很容易被客户牵着鼻子走，花了大量时间做的都是无用功。所以，对于不同的客户要投入不同的时间、精力，以结果为导向，才能更好地通过微信实现多带看，多开单。

（2）注意沟通“三不”

①不要发送大段文字，以免影响客户阅读体验。

通过微信跟进客户时，要先对内容进行提炼，留下有效信息，避免冗余；同时，称谓、语气词的使用要合理；每次发送的文字信息要控制在三到四行，如果文字较多，可以分几次发送。

例如，房地产经纪人通过微信邀约客户复看时发送了如下不恰当的表述：

我觉得呢，咱们还是需要再看一次房，然后讨论一下你的具体需求。房源不合适的话，咱们再多看几套，毕竟买房是大事情，如果居住体验不好，对以后的生活也会有一定影响。

以上表述让客户抓不住重点，而且感受不到房地产经纪人的诚意，建议改为如下表述：

我建议您明天早上10点或下午5点带上家人再过来看一次房，让家人都现场体验一下。每个人都对房子表示认可，是一家人幸福生活的重要前提。

②不要频繁给客户发语音，每条语音不要超过30秒。

首先，语音没有文字直观。文字信息一目了然，而且便于查看和搜索。

其次，收听语音受环境限制。如果客户正在开会，就要将语音转换成文字再阅读，甚至不会立刻查看，这很影响跟进效率。

最后，不是所有客户都喜欢语音沟通。这个细节房地产经纪人要特别注意，如果一个客户跟你沟通时经常使用文字，建议你也使用文字，跟客户同频共振。

③不要问客户“在吗”，这两个字容易让人反感。

无论是刚刚添加的潜在客户，还是已经跟进了一段时间的客户，都不要直接问“在吗”，因为微信沟通不同于当面交流，发送“在吗”这两个字效果很差，会让人产生各种联想，给客户带来不好的体验。

（3）注意重点“三要”

①重要信息要及时保存。

重要信息分两类：一是客户的基本信息，二是销售工作中涉及的文件。

添加微信好友时，应该在第一时间备注个人信息，包括好友的姓名、单位、职位、联系电话、收件地址等，避免日后反复询问，增加沟通成本。建议在“设置备注和标签”里储存客户基本信息。

从微信上接收的文件必须及时下载，重要文件要收藏或者在电脑上备份，以免丢失。

②重要信息用“【】”标注。

要学会使用“【】”标注重要信息，方便客户快速识别。比如，沟通商圈配套设施时，可以这样标记：【学校】【大型超市】【商业街】【图书馆】【公园】等。使用这种标注方法，既有助于客户快速掌握重点信息，并做出反应，又能辅助搜索，提高查找效率。

③在微信群众多用@ 功能和引用功能。

在微信群里发布消息或咨询问题时可以@ 某些人，方便对方一眼能够看到；在回复别人或解答别人问题时，可以使用@ 功能和引用功能，保证消息能够准确且不被遗漏地让对方看到。

这两种功能的使用还能够让彼此熟悉起来，为后续添加好友打下基础。

四、九种方法高效邀约客户看房

1. 沉默邀约法

在微信上介绍完房源后的关键动作就是邀约客户看房，在询问客户“明天上午 10 点还是下午 5 点出来看房”以后，就要等待客户的反应，不要再喋喋不休，这会打扰客户做决策。这里要特别注意，如果客户几分钟不回复微信，一定不要着急，也不要试探性地问对方“是不是不方便，要不要改个时间”等。

在我的培训课堂上，有个学员向我提出了这样的问题：一个客户在朋友圈看中了一套 270 万元的三居室，找我私聊。我通过微信给他详细介绍了商圈、小区、房源，也跟他建立了良好的互动关系，并深入了解了他的需求，给了他购房建议和方案，客户却说要考虑考虑，晚点再说。面对这样的情况，要如何邀约客户出来看房呢？

通过查看微信，我们了解到这个客户是一名从销售一线做起来的企业高层管理人员，要想说服他出来看房，必须做好充分的准备，展现专业性和独特的优势，于是，我在课堂上给他做了一个客户邀约方案。

客户邀约方案

时间：晚上9点左右

晚上9点左右是比较好的沟通时间，因为客户已经忙完工作，逐渐放松下来，尤其是管理者，已经卸下了工作时的包袱和面具，回归生活，比较容易沟通。

内容：再次讲房，并做邀约

这时讲房就不要简单地停留在房源信息介绍、发几张图片或几个视频了，建议准备以下三部分内容：

第一，房源匹配讲解。包括房源信息、买房细节、服务范围等。

第二，客户带看方案。提前告诉客户，来看房能够享受什么样的服务，让客户跟着你的节奏走。

第三，客户买房后安排。买房后，客户的生活、工作可能会发生一些变化，要及时进行提醒，比如，孩子的上学时间、父母的锻炼场所、大人的通勤时间等。另外，入住时间、装修时间以及与物业的交接事宜，也需要及时告知客户。

邀约：表现出诚恳的态度

如果您喜欢这套房，就带上家人一起来看房，而且马上就可以下定。明天我们门店派两部车接您及家人，您看是明天上午10点，还是下午5点？您只要回复个时间，其他的我来安排。

这位学员拿着我做的方案再次联系了客户。后来他告诉我，当天晚上在跟客户沟通的过程中，除了回复沟通内容，客户还经常回复微笑的表情，说明客户是放松和愉悦的。当他询问看房时间后，客户没有立刻回复，显然是去确认时间了。过了17分钟，学员的微信叮咚一响，客户发来了微笑的表情和几个字“明天下午5点”。第二天看房后，客户对房源和小区都挺满意，当场就交了定金。这一单就这样谈成了！

所以，当你通过微信邀约客户后，短时间的沉默往往是客户在确认看房时间，这时不要着急，耐心等待一会。

2. 假设邀约法

如果是第一次看房的客户，他们一般会在看完房以后说：“我很喜欢这套房，但是我们家今年没有买房的预算。”你可以这样回复邀约：“××，假设不考虑预算，还有没有其他阻止您买房的理由？”

如果是看过房的客户，一般他们在回去考虑之后会回复：“我们都挺想买这套房的，但是总价超出了我们的预算。”你可以对客户说：“××，假设不考虑预算，您还有没有其他问题需要了解，或者需要我们帮助解决的？”客户要么回复就是预算的问题，要么回复其他因素。

面对这种情况，要想成功邀约客户出来看房或者复看，最有效的是使用假设的方法帮助客户解决问题。比如：“假设首付是分期付款，您是不是……”“假设我再帮您跟业主争取少3万块钱，您是不是……”“假设我跟开发商领导申请送一年物业费，您是不是……”

3. 逆转邀约法

房地产经纪人在微信上邀约客户出来看房，客户经常会回复：“我们买不起房。”那接下来应该怎样引导客户呢？可以参考以下话术：

客户：“太贵了！我们买不起房！”

经纪人：“就是因为这样，您才应该马上买！”

客户：“什么意思？”

经纪人："您难道不希望用最低价买到这套房吗?"

客户："当然希望啊!"

经纪人："您也想买到性价比最高的房子，对不对?"

客户："没错。"

经纪人："那您就应该马上买房，因为您很难再看到这么优质的房源……您看您是明天上午10点，还是下午5点出来看房？我过去接您。"

4. 换位思考邀约法

如果房地产经纪人通过微信跟客户建立起了良好的互动关系，也清楚地介绍了房源，但是客户就是不肯出来看房，你可以这样跟客户说："××，咱们换位思考一下，如果您跟一个客户谈项目，花了大量的时间、精力讲解项目，对方却无动于衷，不跟您交流任何想法，您会通过什么方式继续洽谈呢?"通常，想买房的客户听到这样的话会做短暂思考，然后回复："其实，我真正的考虑是……"一般客户会在这种情况下说出他不来看房的真正原因。

如果客户还是不回复你的微信，你可以试探性地发一条微信，说："其实您真正在乎的是……（找到客户主动询问过且明显表现出犹豫的话题），是不是?"发完微信，就静静地等待对方回复。如果客户否认了你的观点，你就可以请教客户，说："那我可以知道您真正的顾虑是什么吗?"然后，同样静静地等待对方回复。直到客户说出他真正的顾虑时，我们可以乘胜追击地问："如果我们帮您解决这个问题，您是不是就会出来看房了?"

5. 激励邀约法

房地产经纪人给客户推送房源以后，记得说一句："请问，您对我介绍的房源还满意吗？”如果客户回复：“看起来还不错。”房地产经纪人马上就要接着说：“其实房子比我介绍的还要好，您要是去看一看，一定会喜欢上的。”我们要将更多的动作和语言指向“看房”，消除客户的抵触心理，给客户鼓励和信心。

这个时候，客户会提出很多想法和问题，我们要耐心地逐一回答，然后再询问：“这样是否已经解答了您的问题了？”接着，就可以再次鼓励他出来看房了。如果客户说：“我还不确定，过一阵子再看看吧”，或者说：“我的预算可能不太够，我再考虑考虑。”你可以这样回复：“我理解您的意思……”表示对客户的理解。同时，适当转移焦点话题，可以问：“您什么时候会入住”，或者“您喜欢什么样的装修风格”？引导客户把注意力放在看房上，并在适当时候提出看房邀约：“请问，您是马上就看房，还是明天上午10点再看？”

6. 二选一邀约法

通常，在买房这件事上客户都会有一定的心理压力，尤其是在逼定阶段，所以，在邀约看房时尽量给客户减轻压力，让客户更加轻松地看房、选房。可以用二选一的方法让客户做选择。与其问客户：“您要不要买房？”不如试试下面的话术。

“请问，您喜欢市区的楼盘，还是郊区的楼盘？”

“请问，您倾向于大型社区，还是中小型社区？”

“请问，您是要豪华装修，还是精装修？”

无论客户选择哪个，房地产经纪人都能提供相应的房源，通过需求引导，匹配更合适的房源，再邀约看房，成功率会更高。

7. 总结邀约法

如果你经营的房源、小区、商圈具有很好的卖点，那么在你介绍完房源，并做解答之后，就可以说："好的，让我再为您总结一下这个房源/小区/商圈的特点，供您参考。"

记住，虽然房源的"特色"可以引起客户的兴趣，但是只有房源的"功效"才能真正引发购买欲望。房地产经纪人每提出一项房源"功效"，客户出来看房的欲望就会增加一点。如果介绍的房源"功效"足够多，客户常常会忍不住说："我要看房，我要买房，什么时候可以看房?"在这种情况下，客户出来看房的概率接近100%。

所以，准备邀约客户看房时，应该把房源特色列出来，然后按重要性排好顺序。在介绍房源的过程中，要留心客户主动询问或是反复强调的问题，并把它们记录下来。这样的沟通过后，客户的看房欲望也达到了最高点，这时再问一句："我还有没有什么地方没讲到?"如果客户没有问题或是一分钟内不回复，就可以趁热打铁进行邀约："请问，您是下午3点还是5点来看房？我来接您，您把定位发给我。"

8. 对比邀约法

房地产经纪人通过微信邀约客户时，经常会收到"我再考虑考虑""我想多了解一下再决定要不要出来看房"之类的回复。

面对这样的回复，你可以这样说："××，您这么想我也非常认可，换成我，我也会这么想，毕竟还没看过房，还有很多疑问，我之前成交的很多客户也是在看房之后才决定购买的。我做这个小区已经七年了，好多新客户都是老客户介绍的，您有任何问题可以直接问我。以我的经验我想告诉您，买房一定要先看房再对比，干脆现在就看，您是明天上午10点看，还是11点看呢?"

从十几年的房地产销售经历中我发现，很多想买房的客户在没看房之前总会有这样那样的想法，总想着再看看其他房源，其实这非常影响他们的购房决策。一旦他们看过了房，就会将注意力转移到我推荐的房源上，决策进程也会随之加快。所以，房地产经纪人一定要给客户一个看房的理由，想方设法让他们出来看房。

如果客户还是回复："我还是想多了解一些房源，比较看看，我不知道你推荐的这个楼盘是不是我最想要的、性价比最高的房子。"

这时，房地产经纪人可以尝试给客户一点"甜头"，但要记住，客户并不是要便宜，而是要占便宜，所以，千万不要在客户看房前通过微信跟客户讨价还价，这会增加后续邀约客户看房的难度。

可以使用不同方式吸引新房和二手房客户，对新房客户可以这么说："××，我实话跟您说，开发商组织的活动今天就结束了，如果您今天出来看房，还能赶上优惠期。"对二手房客户可以这么说："××，您看的这套房的业主是我的朋友，房子昨晚才放出来，今天刚可以带客户看房，业主要求只能带有诚意的客户看房，如果今天您出来看房，我会告诉业主您是我朋友，让他多给点优惠。"

9. 以守为攻邀约法

如果使尽浑身解数，还是无法成功邀约客户出来看房，房地产经纪人就要停止"进攻"，不要把客户逼得太紧，可以淡定地回复一句："××，感谢您找我了解房源，如果您现在比较忙，我就先不打扰您了，希望以后有机会为您提供买房服务。"

客户听到这样的回复，就会想着微信沟通已经结束了，一般都会礼貌地发个友好的表情。房地产经纪人就要抓住这个转瞬即逝的机会，在一两分钟过后，发个微笑的表情给客户，然后问一句："××，我能不能请教您一个问题？"一般客户收到这么一个问题都会非常惊讶，房地产经纪人可以接着说：“××，请教您一下，我刚刚给您介绍了房源，并邀请您出来看房，是不是哪方面做得不够好，您能不能告诉我您决定不出来看房的真正原因?”由于此时客户的心情很放松，他会毫无防备地回复你：“既然你都问了，我就告诉你，其实是因为……”

客户这时说的才是他心中真正的想法，房地产经纪人一定要抓住这一点，并做出再次邀约的努力。

既然客户已经说出了真实想法，房地产经纪人就要真诚地回复客户：“谢谢您告诉我真正的原因，是我的疏忽没把这个问题讲解清楚，能否耽误您一分钟时间，我再把这个问题跟您详细解答一下……”

对于难以搞定的客户，房地产经纪人一定要找出客户不出来看房的真正原因，并帮助客户解决问题，让客户安心、放心，然后再次发出邀约，争取更多的带看机会。

第九章　朋友圈卖楼六大黄金法则

在微信上，除了通过一对一的形式开发客户外，朋友圈是另外一个重要的客户来源渠道，朋友圈就像是“线上店铺”中的“门面”，大多数的客户都是通过朋友圈了解你，喜欢你，并爱上找你买楼。如何打造有吸引力的朋友圈，成为每个房产经纪人微信卖楼过程重要的工作。

一、朋友圈封面：客户营销的黄金广告牌

朋友圈是客户不断了解房地产经纪人并产生信任的重要渠道，如果房地产经纪人每天分享的内容非常有价值，那么，客户就会主动查看以往的朋友圈内容，并关注后续动态，所以，朋友圈背景就会经常被客户看见。房地产经纪人要好好利用这块黄金广告牌。

朋友圈封面要不定期更换，经常给客户新鲜感，传递新的、有效的信息。那么，什么样的朋友圈封面能够帮助房地产经纪人建立与客户之间的信任呢？第一，可以放个人海报，将从事房地产经纪工作的年限、服务过的客户数量、客户的满意度等信息都体现在个

人海报上，以展示专业性；第二，可以放客户见证照片、与名人合影等，以提升公信力；第三，可以放主营楼盘或在售楼盘的房源广告，让客户更多地了解你的房源，加深对楼盘及房源的印象。

二、朋友圈内容：获客的三大营销组合拳

房地产经纪人通过朋友圈吸引客户的关键是内容，这里总结了房地产经纪人朋友圈营销获客的内容及营销方法。

1. 朋友圈营销的三项内容

（1）关于自己的内容

在朋友圈发送关于自己的内容非常重要，这是客户认识你、了解你，并对你产生信任的绝佳途径，可以结合以下内容，让自己的朋友圈更加有吸引力。

①晒专业。每天分享一点专业知识，让客户不仅能了解买房技巧，还能认识你这个人，想买房时就会想到咨询你。可以使用不同的方式分享专业知识：一是写成通俗易懂的文字；二是制作成美观的图片；三是剪辑成短视频，直接发朋友圈或通过视频号分享。关于如何经营视频号，可以参看前面章节。

②晒自己。每天分享一次自己的生活或工作，可以单独发，也可以结合其他内容一起发，总之，每天都要在朋友圈晒自己。发一次别人记不住你，那就发一万次，一定会有人记住你，而且会有越来越多的人知道你是朋友圈卖楼最厉害的房地产经纪人。如果实在想不出怎么晒自己，干脆发一句文案："入行×××天，感谢朋友圈找我买楼的朋友们!"同时配上自己的照片就可以了。

③晒圈子。让客户了解你为人处世的态度，从而能放心地找你

买楼、卖楼，可以每天从家庭圈、校园圈、朋友圈、公司圈、客户圈中选择一种，发送相关内容。

一是家庭圈。你不用天天晒娃，但可以适当晒晒家人，比如，发工资的日子可以与家人一起聚餐，发发朋友圈，并配文“感谢家人的默默支持，让我能全力以赴为业主、客户服务”。家人不在身边的，可以发个红包给父母，将截图发到朋友圈，并配文“感谢父母几十年来为家庭默默地付出”“父母是我的榜样，几十年来一直默默地鼓励着我；房地产经纪人的每一天，为小家，更为大家”。同时，配上微信聊天截图、与父母的合影以及你的工作照，一段文案加上三张图片，就是一份对家庭满满的爱，也会影响朋友圈的每一个家庭和每一个为家庭奋斗的人。

二是校园圈。当我们晒与校园有关的朋友圈时，很多多年不联系的老师、同学、校友都会给你点赞或评论，所以，这是很好地让他们了解你的机会。这些人都是潜在的目标客户群体，如果他们能再影响他们的圈子，就会有越来越多的人知道你在卖楼，这对于积累有效客户非常重要。特别是三、四、五、六线城市的房地产经纪人，必须抓住这个重要渠道，通过圈子，不断获得成交和业绩的增长。

三是朋友圈。房地产经纪人要通过“晒朋友”提升自己的影响力，具体可以从以下三方面入手：一是晒朋友的知名度，让别人知道你的朋友圈层次，进而链接更高层次的客户群体；二是晒朋友的关系度，结识多年，患难与共，让别人看到你是个有情有义的人；三是晒朋友的认可度，即你在房地产行业的言行、业务能力、专业水平以及获得荣誉等，以获得更多人的认可。

四是公司圈。晒与公司相关的内容，主要是向大家展示团队是如何为客户服务的，客户对我们的评价等，具体可以从三个方面入手：一是领导对你的表扬；二是公司对你的付出的肯定、嘉奖；三是同事协作为客户提供的服务。

五是客户圈。这个客户圈包括业主和客户，具体可以从以下三方面入手：一是晒业主、客户对你的认可，包括聊天截图、锦旗、礼物等；二是晒你跟业主、客户之间发生的故事，可以涉及咨询、带看、签单各个环节；三是晒你服务客户的细节，提供过哪些服务，有什么感想等，让你的房地产销售更有温度，也让更多潜在客户看到你的成长，进而让他们愿意找你买楼、卖楼。

总之，房地产经纪人要在朋友圈一点一滴地记录，从小事晒起，做出大业绩。

（2）关于房源的内容

当下，朋友圈内容泛滥，客户的大部分时间、精力都转移到了短视频上，要想让朋友圈内容能够吸引客户关注，必须抓住“快、准、稳”的三字诀。

快，即在客户看朋友圈时间减少的情况下，快速抓住客户眼球。我认为，关键是要简单、简洁、简明，无论是文字、图片，还是视频，客户不用点进去就能看到他想看的，而且不用思考就能看明白。所以，房地产经纪人在朋友圈发房源广告前要先测试一下，能否在几秒钟内吸引客户。

准，即准确地提炼出客户最想看的文字及画面，呈现在朋友圈里。所以，朋友圈的房源广告文案不需要面面俱到，以点带面，留点悬念最好，引导客户评论房源或私信你。不同房源发不同位置的图片即可，千万不要一次性满足客户的所有需求。

稳，即每天都要在朋友圈发送房源广告，让客户重复了解你的房源及楼盘，增加客户的购房欲望。所以，针对同一套房源，要设计几十种甚至上百种房源广告，匹配不同客户需求。一个微信账号有5000人，总会有人对你的房源感兴趣并找你买房。

下面从房源广告的标题、文案、图片等方面，具体讲述如何做好房源广告内容。

①朋友圈房源广告标题的八种类型

第一种：开门见山式标题。

这种标题能够直白地说明房源促销信息，大部分开发商愿意使用这种标题吸引客户眼球，例如，“××楼盘开盘，3000元抵20000元”。房地产经纪人在朋友圈推广一手楼盘时，也可以借助这种方式促销，以较大的优惠力度吸引客户。建议房地产经纪人将促销信息用文字表述出来以后，再用图片形式呈现，在朋友圈放图片的位置放房源标题，在放文字描述的地方介绍项目，这样会更加抢眼，房源广告效果会更好。

第二种：暗示好处式标题。

暗示好处的房源广告标题一般能够勾起客户的好奇心，之后，房地产经纪人再通过解答客户疑惑逐步将其带入销售节奏。以楼盘广告为例，标题可以这样设计：“30%的绿化率为你的生活添色彩。”

第三种：新闻公告式标题。

可以在标题中展示门店的新房源，包括新签的一手楼盘或者新的业主委托等。例如，新楼盘可以这样写：“重磅！国庆特供房7套，明天预约登记!”二手房可以这样写：“刚刚！××小区业主委托新房源!”

第四种：问题解决式标题。

以“如何”开头的标题，能够给客户提供解决问题的方法。例如，“如何选择房源配套?”“如何选择有利于养生的居住环境?”“如何与孩子的老师做邻居?”

第五种：提问式标题。

这类标题要在朋友圈中发挥效果，提出的问题必须是在潜在客户中会产生共鸣的。例如：“为什么你要选择×小区的三房?”“南北朝向的房子相比东西朝向的有哪些优点?”“什么样的小区更有利于孩子成长?”

这类标题必须100%站在客户角度思考，关注潜在客户本身的利益，了解他们想知道什么、需要什么。

第六种：命令口吻式标题。

这种标题直接告诉潜在客户应该怎么做，并用这种方式创造销量。例如，“方便接送孩子，你需要这样的房子!”“买这样的小区，才能铸就你的辉煌人生!”“父母喜欢，必看××花园两室一厅”。这种标题会给客户下达行动指令，明确行为方向。

第七种：结果导向式标题。

这是一种简单又有效的朋友圈房源广告方法，即列出房源的独特卖点，引导客户往下看。例如，“购买××小区的三大理由!”“未来一年一定要买××小区的五个理由!”不一定每次都用“为什么”开头，“……的三种方法”“……的七个步骤”“教你如何……”也符合这种标题的写作原则。

第八种：客户见证式标题。

这种标题就是通过传播成交信息给准买家以信心。例如，可以告诉准买家，其他成交客户选择你经营的小区和房源的过程以及他们的购买经历，相似的经历会给准买家一定的心理暗示，推动销售进程。客户见证式标题必须以第一人称写作，巧借客户原话，并配上客户照片和房源信息，增强可信度，给准买家以真实感。

②朋友圈房源广告文案的六种写法

朋友圈是个神奇的地方，有的房地产经纪人通过朋友圈赚得盘满钵满，有的房地产经纪人通过朋友圈发硬广告刷屏等着客户，有的房地产经纪人则通过朋友圈打发时间，晒吃晒喝……

朋友圈的文案质量直接决定成交率，优秀的文案具有很大的煽动性，能吸引潜在客户注意力，提升转化率，进而提升销售业绩。

第一种：植入式广告。

植入式广告是将房源信息、图片等植入到图文中，给客户留下深刻印象，继而推广房源。如果你的朋友圈全是硬广，会降低客户看你朋友圈的兴趣，植入式广告则可以让客户在轻松刷朋友圈的同时了解房源。比如：

晨跑 108 天：改变

晨跑 108 天，从 500 米到 5000 米

晨跑 108 天，累计跑了 238 千米

我突然明白，供房就像跑步一样

只要坚持跑，就会拥有强健的体魄

只要坚持供，就会拥有自己的房子

以上这段文案，配上你在小区绿道上或运动场跑步的照片，作为早上发朋友圈的内容，不仅能让客户了解小区环境，还能让客户

记住你这个人和你的兴趣，这也有助于你跟有同类兴趣的业主、客户建立“同趣”关系，一举多得。如果手头上有急售房源或优质房源，也可以通过自评的位置，补充房源信息，也是一种推广方式。

植入式广告不能仅仅停留在宣传公司名或楼盘名上，要通过植入让客户了解你以及你推荐的房源或楼盘，可以通过“一个兴趣+一项配套+一条感想”的“三个一”公式撰写文案。

第二种：故事式广告。

在移动互联网时代，房地产经纪人如果单纯使用硬广进行营销，往往会让客户产生视觉疲劳，失去看广告的耐心。要想让房源广告真正产生效果，房地产经纪人就要学会以情动人，学会用故事俘获人心。新媒体营销拼的是谁更会“讲故事”，要让客户在跌宕起伏的剧情中，不断加深对房源及楼盘的印象。

英国有位孤独的老人，无儿无女，又体弱多病，于是他决定搬到养老院去。听闻他要卖掉现在的住宅，购买者蜂拥而至。住宅底价 8 万英镑，但人们很快就将它炒到 10 万英镑了，并且价格还在上涨。这时，一位衣着朴素的年轻人来到老者身边说道：“先生，虽然我只有 1 万英镑，但是如果您把住宅卖给我，我保证让您继续生活在这里，和我一起喝茶、读报、散步，天天都开开心心、快快乐乐的。”老人听了这话，立刻把房子卖给了他。

这个小故事告诉我们，房地产经纪人要能够看懂目标用户的情感需求，把目标用户的情感需求和差异作为房源推广的核心，抓住客户的痒点、痛点，吸引客户注意力，这样才能达到房地产销售的目的。

要写出短小精悍且能够打动人的小故事要抓住两个关键点：贴

近生活和充满细节。只有源于生活的故事才能让人感同身受，只有充满细节的故事才能打动读者。比如，在推广适合做婚房的房源时，可以通过朋友圈分享这样的故事：

昨天带客户看房时，在小区门口的便利店看见了几个月前买房的客户，她的变化真的好大。买房时准备结婚，现在已经有几个月身孕了。交谈之间，她一直洋溢着幸福的笑容。她说这个小区人车分流，孕妇散步很安全，而且绿化很好，空气清新，对宝宝的发育也很好。

以上这段文案，配上小区的环境图片，再来一条统一回复：客户买的是两房一厅的婚房，就是一则很完整的朋友圈文案。

朋友圈故事式广告文案可以用“一件事+两个人+三项配套（卖点）”的公式来撰写，塑造房源卖点及客户体验等，吸引朋友圈的潜在客户。

第三种：场景式广告。

场景式广告即通过业主的生活、工作场景，影响潜在客户，使其产生共鸣和联想，刺激客户的购买欲望。场景式广告最核心的要求是应时应景，比如，在晚上推广一套三房两厅的房源，可以打造这样一个场景：

晚上8点，陪伴家人的幸福时光；
茶余饭后，陪父母聊聊工作生活；
放下手机，陪孩子阅读增长知识；
卸载游戏，陪爱人畅谈理想生活；
幸福生活，就是每天的长情告白；
宽敞客厅，敬献美好的生活时光。

以上这段文案，配上推荐房源的客厅照片，在晚上 8 点左右发出来，再自评户型，就是一则很完整的朋友圈文案。这个时间一般都是饭后家人共享天伦之乐的时间，当然，也可以根据每个城市的具体情况做相应调整。不同时间段，可以打造不同场景，让客户刷朋友圈时能够感同身受就行。

朋友圈场景式广告文案可以用“一个时间+一个（群）人+一个地方（房源、楼盘或商圈）+一件事+一种感受”的“五个一”公式来撰写，描绘客户买房后的场景，让客户看完你的朋友圈就能联想到美好的未来。

第四种：热点式广告。

热点蹭得好，流量不会少。制造热点或者巧妙地将热点内容融入朋友圈的房源广告中，能够吸引客户注意力，改变客户的购房倾向，有助于获得更多客户。

热点一般分为固定热点和即时热点，固定热点以节假日为主，房地产经纪人可以准备一份时间表，可以蹭的节假日热点要提前准备。即时热点需要通过各个平台的热榜工具进行收集，或是通过朋友圈、各大媒体等了解关注。

作为房地产经纪人，如何蹭热点，以增加流量呢？第一，了解自己经营的楼盘和房源卖点，并提炼关键词；第二，分析热门话题，整理大家的关注点；第三，将热点与房源信息结合，及时在朋友圈输出。以中秋节为例，可以通过对话的形式蹭热点：

客户：“中秋节，我要买套房送给爸妈！”

经纪人：“您太有孝心了，买了房，天天都能团圆。”

经纪人：“咱爸妈喜欢住什么样的房子啊？”

客户："最好是不用过马路就能购物。"

客户："小区环境好，适合休闲与娱乐。"

经纪人："您想得真周全，可以看看下面这个小区。"

以上这段文案，配上相应的图片或短视频，就是一则很完整的朋友圈文案。这个短文案以中秋节为切入点，结合爸妈的居住需求，用对话方式表达儿女的孝心。文案没有把所有配套一次写完，也没有必要一次写完，留点空间给客户评论。像中秋节这样的热点，在节前十天就要开始写，并且要连续写十天，持续的宣传能够起到更好的宣传及转化效果。

朋友圈热点式广告文案可以用"一个热点+一个人物（事件）+一个卖点（最多不超过三个卖点）"的公式撰写。

第五种：新闻式广告。

新闻式广告能给客户新鲜感、现场感、真实感。在新媒体时代，每个人都是主角，房地产经纪人可以通过朋友圈实时报道自己的房地产销售情况以及与楼盘、客户等相关的新鲜事，影响更多潜在客户群体。

业主新委托的房源、客户咨询、开发商开盘、楼盘节假日促销、客户成交等都是比较常用的新闻素材，一般房地产经纪人会把相关的微信聊天截图、敲金蛋视频截图发到朋友圈营造氛围，但是对从电话等其他渠道获取的信息宣传得较少。大家可以参考以下这种新闻式广告文案：

王姐，您刚刚在电话（微信）里问的三房；

现在，我整理好了房源图片（视频）给您；

还有，我朋友圈有很多××小区的优质房源；

三房，刚好够住也方便您接送小孩上下学；

学校，从幼儿园到初中都在××小区附近；

下面，有××小区每栋楼到学校的步行时间。

以上这段文案，配上客户咨询、楼盘等相关图片或视频，就是一则很完整的朋友圈文案。这里有几个细节要注意：一是称呼，对每天跟进的客户进行快报，给自己造势；二是每天推送不同的配套设施，满足不同客户的需求；三是跟处在不同销售阶段的客户对话，影响各个进度的客户。

通过新闻式广告呈现销售场景，以点带面，用一个客户影响一个客户群体。新闻式广告文案可以用“一件事情+一个结果+一种引导”的公式撰写，匹配不同客户的需求，促成销售转化。

第六种：情景式广告。

房地产经纪人要想通过朋友圈广告文案说服客户，不能单纯依靠逻辑和理性，而要通过情感来触动客户，让客户与你都借景生情，产生共鸣与链接。

朋友圈房源广告应该借哪个“景”？我认为最好的“景”就是我们经营的小区，这样一方面可以跟业主产生链接，另一方面可以让未来的业主（客户）提前感受小区“景色”。可以参考以下文案：

夜渐渐深了，××小区夜色很美；

但我一个人，此时内心很孤独；

吃过晚饭后，微信一直静悄悄；

我静静地想，你是在刷朋友圈；

我多希望你，看到这条朋友圈；

轻轻对我说，我要买三房两厅。

以上这段文案，配上小区夜景照片、房地产经纪人特写，或是两者相结合的照片，就是一则很完整的朋友圈文案。记住：重要的是通过图片吸引客户眼球，让客户停下来看你的文案。

情景式广告文案可以用“一个景+一种情+一套房”的公式撰写，以景色为媒介隔屏对话，抒发情感，引发关注。

第七种：结果式广告。

结果式广告就是直接告诉客户，他要买的这套房未来如何供房？这个对于刚需客户来说是最直接的广告方式，客户一看就知道能否买得起，这种广告对于筛选目标客户也能起到比较好的效果。广告文案可以这么写：

月供仅×××元，住××旁××小区××房

今日看房下定金享“赠送×万××，××平方米××”豪礼

××小区：①学校……②交通……③休闲购物……

首付仅×万元，享专车免费接送看房，138××××××××

撰写这种类型的文案需要注意几点：一是不要直接报价，特别是房源总价，尽量释放客户的购房压力，引导客户咨询或看房；二是适当放出一些好处，让客户占点便宜，也多了解房源，一定不要把所有好处一次性发出来；三是房源介绍尽量简洁，方便客户记忆。

结果式广告文案可以用“一个结果+三个好（好房、好处、好服务）+三个配套（房源卖点）”的公式撰写，简单明了，抓住客户希望省钱的心理。

第八种：揭秘式广告。

揭秘式广告就是少量多次地引导客户了解楼盘和房源，逐渐增强客户的购房信心。这种类型广告的撰写原则是提前揭秘，多点触

达，引起客户的关注，激发客户的看房欲望，广告文案可以这样写：

1 天 99 元住 165 万平方米小区，到底是什么体验？

清晨 6 点，空气清新，锻炼 1 小时，精神一整天！

早上 7 点，带娃走路 5 分钟就到小区门口的学校！

早上 8 点，开着爱车，13 分钟直达 CBD，开始一天的工作！

下午 5 点，买完菜顺带接孩子放学，做他爱吃的红烧肉，再陪他复习功课！

马上买××小区三房，开启你的幸福生活！

以上这段文案，配上相关的图片或视频，就是一则很完整的朋友圈文案，将业主一天的美好生活呈现在潜在客户面前。这种文案可以用“一个人+一种（天）体验+一套房源”的公式撰写。

③房源广告图片有效发布的三大关键点

“一张图胜过千字文”，足以说明图片的作用，朋友圈房源广告也如此，图片对客户更有冲击力。那么，房地产经纪人如何利用九宫格宣传房源更加有效呢？

第一，数量。朋友圈一次最多发送 9 张图片，你是不是总是想方设法地凑齐 9 张房源图片呢？我认为，数量不是第一位的，客户转化数量才是第一位的。通常，可以选择在朋友圈发送 1 张、3 张、4 张、6 张、9 张图片，或者把 1 张图片切成 9 张，用这六种方式发出来的朋友圈会更美观。在朋友圈发图片时，还要注意以下三点：

A. 根据广告文案描述的数量配图，让客户通过文字描述和图片展示了解房源。

B. 将一个广告文案与不同数量的图片进行搭配，测试一下哪种方式效果最好。如果图片不够 9 张，可以用制图软件将房源卖点做成图片。

C. 可以将房源广告的配图数量固定为1张，不同时间更换不同图片。配1张图片的好处：一是简单明了，客户不需要点击；二是给客户留下悬念，吸引客户咨询；三是可以不断更换，给客户新鲜感，引导他们去你的朋友圈了解更多信息，提高房源曝光率。

第二，内容。一套房源的信息量很大，那么房源广告应该如何展示这些信息，才能打动客户呢？

A. 室内、室外相结合展示。一张商圈图+一张小区图+一张室内图，让客户了解不同的配套和环境，也可以将三张图片拼成一张。总之，简单明了最重要。

B. 室内图展示。不同房源要展示不同房间的图片，或者在不同时间段展示同一房源的不同房间图片。注意：所展示的房间一定要干净整洁，不要影响客户的观感。

C. 室外图展示。在不同时间段推送不同的室外场景图片，比如，在上下班时间可以重点推送交通配套图片。

第三，效果。所有的营销动作都是为了达成销售，配图也一样，必须每周复盘，总结哪种图片的广告效果最好，并通过以下方式提升图片效果。

A. 视觉效果。要想提升图片的视觉效果，一要使用专业的拍摄设备；二要使用美颜相机；三要使用软件处理。我们的目的不是把每张图片都做成大片，但要保证不影响客户的观感。请记住：好图片会给你带来好业绩。

B. 发布效果。好的发布效果是让客户看一眼就能停留下来。比如，放大图片上的关键字；将房源图片跟你的人物特写拼在一起；

将一张房源图片做成九宫格；等等。当然，也可以不断尝试新方法。

C. 转化效果。转化效果主要由三大数据衡量，即点赞数量、评论数量和咨询数量，这三个数据值越高，说明转化效果越好。如果要看转化成带看的效果，必须做进一步沟通，这个可以参照前面所讲的客户跟进的内容。

（3）关于客户的内容

①客户的拒绝。做房地产销售工作，被客户拒绝是再常见不过的事，化拒绝为动力，利用朋友圈晒自己的努力，展示自己积极向上的一面，也是一种不错的营销策略。比如，通过电话邀约客户被拒绝后，可以这样发朋友圈：

今天，是我进入房地产行业的第 101 天；

今天，是我邀约客户被拒绝的第 101 次；

今天，要感谢客户的拒绝让我不断成长；

明天，我仍将行走在为你服务的道路上；

明天，我仍将行走在带客看房的道路上；

明天，想要购买××小区的客户要联系我。

②客户的咨询。房地产经纪人每天通过微信开发、跟进客户，也会有客户主动找房地产经纪人了解房源，可以将相关的咨询内容截图发朋友圈，营造热销氛围，也能以此引起更多客户的注意，特别是那些犹豫不决的客户。

③客户的带看。因为带看比较敏感，实时发朋友圈会引起一些不必要的竞争，建议适当延迟发送相关内容，但不能不发。可以从以下三方面设计内容：第一，带看前的准备工作和提供的服务，让客户更加了解你；第二，客户对小区或房源的评价，加深其他客户

对楼盘的印象；第三，客户看房的背影图，增强现场感。

④客户的成交。签约现场照片、客户的买房故事、服务客户的故事等，都是不错的发圈素材。

⑤客户的转介绍。客户找你买房的时间、成交过程中难忘的经历、客户对你的认可以及客户如何给你转介绍等，都可以写成小故事，以此发朋友圈能够提升个人魅力。

2. 朋友圈内容营销的三大策略

（1）用“利他”赢得客户的心

以服务客户为中心，围绕自己、房源（业主）、客户三个基本点，准备客户及业主想看、想用的内容，帮助客户和业主解决买房、卖房问题。关键是在不同时间使用不同方式或内容进行营销。

（2）聚焦，聚焦，再聚焦

每天可以主推一个楼盘或一类房源，比如，今天主推 A 小区，一起床就要发早安圈，可以配合小区环境图片及相关内容，并把自己晒出来；8 点左右，推送一条与学校或交通配套相关的内容；中午，以小区安静、舒适为重点，推送生活配套相关内容；晚上，客户的时间比较充裕，可以推送场景式广告。房地产经纪人要根据不同时间点客户关注的不同焦点发送朋友圈，切记提前做好内容准备，不要随意发送。

（3）用连续剧式的发圈造势

房地产经纪人可以围绕一个楼盘或一种户型，按天发送朋友圈，让朋友圈内容连贯起来，让客户养成看你朋友圈的习惯。连续剧式发圈可以使用诸如①，②，③……的数字编码进行标识，并提醒客户，比如，这是 9 月份××小区委托的第⑦套房；这是 10 月以来第⑤

个找我买××小区房子的客户；等等。将客户的委托、咨询、看房、成交、转介绍等用“数字化”的方式连续“播放”，自我造势，塑造成功的房地产经纪人形象，获得更好的销售业绩。

3. 朋友圈内容营销的三大注意事项

（1）不要刷屏

房地产经纪人发朋友圈“刷屏”一定要慎重，要克制，要考虑客户体验。如果经常看到朋友圈被某人“霸屏”，客户可能会做出两种选择：一是删除联系人，二是关闭对方朋友圈。无论是被删除，还是被屏蔽，结果都是一样的——发布房源广告起不到任何效果。

（2）不要杂乱

房地产经纪人不能把什么内容都往朋友圈发，朋友圈内容的杂乱会严重影响客户对你的印象，而且会抵消你的专业度。

（3）不要低俗

虽然房地产经纪人接触的客户群体不同，各个群体的身份、品位等也各不相同，但是切记拒绝低俗，要打造风清气正的朋友圈，才有可能跟更多、更优质的客户建立联系。

三、朋友圈时间：增加房源曝光率、点击量、咨询量

为什么中央电视台新闻联播前后时段的广告费比其他时段贵？因为这个时段看电视的观众多，广告的曝光率高，所以价值也高。对于房地产经纪人来说也一样，提高房源曝光率是朋友圈营销的第一要务。

房地产经纪人既可以在早、中、晚三个时段发朋友圈，也可以尝试能够提升转化效果的发圈时间。这里，具体介绍三个时间段：

1. 早、中、晚三个固定时间段

早、中、晚是客户刷朋友圈比较集中的时间段，也是营销人员集中推广产品的时间段，这个时间段流量大，竞争也大，要想在朋友圈广告中脱颖而出，赢得客户关注，需要遵从以下三个原则：

一是简单。使用大号字体、显眼标题、人物特写，让客户在划过的瞬间就被吸引，并留下来看你发的信息。

二是新鲜。可以使用软文，比如，讲个客户买房的小故事；也可以使用客户没有见过的图片，比如，平常你都是发穿工服的照片，某一天可以发个穿汉服的照片，以新鲜的人、事、物吸引客户。

三是差异化。可以关注同行的朋友圈，看看他们是如何推广的，要跟他们的营销产生差异，或者在他们的基础上有所创新。

2. 非热门时间段

上午 10：00—11：00 点，下午 2：00—4：00 点，晚上 11：00—12：00 点，这几个时间段大多数客户都在上班或休息，刷朋友圈的人不多，发朋友圈的人也不多，但并不代表没有人刷朋友圈，如果此时发一些房源广告，往往能出奇制胜。

3. 掌握自己的微信好友集中刷朋友圈的时间段

房地产经纪人可以利用几天时间，监测一下自己的微信好友发朋友圈比较集中的时间段，在这样的时间段推广房源效果更好。另外，以往客户咨询、点赞、评论最频繁的时间段我们也可以重点推广。

如果你还没有掌握重点时间段，可以通过下面这个方法进行测试：准备 20 条非广告内容，或者 20 张不同类型的个人照片，从早上 6：00 点到晚上 12：00 点，每隔一小时发一条朋友圈，以此测试哪个时间点赞比较多。

四、朋友圈目标：三大设置让房源营销更加精准

1. 在朋友圈文案中设置话题

在朋友圈发送房源广告时，要在文案前或文案后标注房源卖点，并设置为话题。在朋友圈文案里添加话题，就能在别人的朋友圈里以不同颜色的字显示，起到提示作用。客户可以根据你的话题设置迅速找到自己想要的房源。

2. 自定义朋友圈位置

房地产经纪人自定义朋友圈位置就相当于线下贴条，除了显示门店位置、电话外，还可以将楼盘或房源信息作为自定义广告内容，让一条朋友圈内容更加完整，卖点更加突出。

3. 急售房源或优质房源要@重点客户

朋友圈的@ 功能能够提醒客户查看相关房源信息，避免遗漏。房地产经纪人要善于使用这一功能，将最适合客户的房源精准地推荐给他。

五、朋友圈互动：高效利用点赞、评论、自评功能

1. 用心点赞、评论

房地产经纪人每天要筛选 100—150 个微信好友（客户），“手工”点赞、评论，这样，一个月就能跟所有粉丝互动一轮。这里强调“手工”点赞，是希望大家能够舍弃使用点赞软件，给喜事、好事或积极向上的事点赞，让朋友圈的人看到你的真诚。另外，在朋

友圈给客户评论一定要用心，多赞美、多鼓励、多支持。比如，客户晒娃自己吃饭，你可以这样评论：这么大就能自己吃饭，好棒，长大一定是个非常独立的宝宝。

特别要注意的是，不要把房源广告发到客户的评论区！

2. 适当地发起求赞活动

遇到新房开盘认筹、优质二手房出售、业主急售等情况，可以视情况发起求赞活动，给点赞的客户送些礼品，一来增加客户点赞的欲望，二来提升房源曝光率，三来增加客户互动。但是求赞活动也要注意以下几个细节：一要有礼貌，不要发类似“朋友圈点下赞呗”的文字，这会降低粉丝的参与度；二要控制数量，不要什么房源都求赞，建议一个月不要超过三次；三是要公布结果，增加可信度，还可以借此再推一推房源。

3. 要做好自评

进行朋友圈自评可以丰富内容，增加互动，但是自评内容不要太长，如果内容被折叠会降低点击率。不同的朋友圈内容可以使用不同的自评方式。

（1）房源广告类自评

这类自评可以补充房源信息或是详细讲解图片上的房源卖点，并模拟互动与成交。

（2）客户咨询类自评

这类自评可以说明客户买房原因，强调小区的热卖房源，以及自己和团队如何服务客户买房等。

（3）客户带看类自评

这类自评可以强调房子好卖，所以带看火爆；也可以强调客户买房的原因；引导客户互动。

（4）客户成交类自评

这类自评可以强调成交客户的选择理由；罗列其他可能的成交理由；团队如何服务客户；引导客户互动。

（5）客户转介绍类

这类自评主要是感谢客户，并介绍自己；同时推荐小区及房源；引导客户互动。

（6）房产干货类

这类自评主要是介绍自己，推荐房源，并引导客户互动。

六、朋友圈频率：把握发圈频率，让房源广告效果大增

1. 分组推送

根据不同需求将客户分组，每次发朋友圈都要设置“谁可以看”，这样可以增加推送房源广告的频率，又不至于刷屏。

2. 聚焦推送

针对急售房源或优质房源要滚动发圈，每天聚焦一套房源，从早上 7 点到晚上 12 点，每 30 分钟发一次朋友圈，让客户不断地刷到同一套房源信息，加深客户对房源的印象。记住：在每次发朋友圈之前，要把上一条朋友圈房源广告删除。

3. 主推热门

将你经营楼盘的热门户型或成交量高的房源作为朋友圈主推房源，并且要重复发，以此带动销售业绩的提升。

中经房地产行业培训

《售罄 1：100%复制地产销售冠军》

作者：邓小华

定价：68.00 元

本书对房地产销售核心法则以及 20 余位售楼冠军的销售必杀技进行全面披露，同时，从多个维度对近百个一线房地产销售案例进行剖析，解密迈向售楼巅峰的成功之道，助力售楼人员迅速晋升一流高手行列。

《售罄 2：地产销售 100%成交心理学》

作者：邓小华

定价：68.00 元

在房地产销售中，最有效的技巧是在与客户的沟通中，不断增强他们对售楼员的信赖感。从某种程度上看，信赖感的建立，远比销售技巧的使用重要。

本书从心理学角度，通过 72 道开单密码，深度剖析"快准狠贴勤"的售楼王道，帮助售楼员突破客户心理防线，让业绩狂风暴雨般地获得提升。

《售罄 3：售楼冠军短视频营销全攻略》

作者：邓小华

定价：68.00 元

新媒体时代，房地产经纪人如何用新媒体倍增客户量，通过短视频实现获客变现，通过直播卖房从"云带看"到线下成交，通过微信邀约客户看房，用朋友圈高效吸盘吸客……本书将全面揭晓以上问题的答案。

《地产销售 4.0：思维、标准与技术要点》

作者：陈利文

定价：68.00 元

本书围绕“房地产销售 4.0”这一主题，梳理出销售人员应该掌握的 57 个概念和 39 个思维模型，作为销售人员提升业务水平的理论基础；同时，提出销售人员之所以“职业化”的四个特质和维度，在每个维度中都运用“刻意练习”的方法，选择那些业内执行不力却熟视无睹的领域，死磕技术要点和执行细节，试图找出房地产销售行业的“宝石”——套路。

《地产操盘手：房地产营销策划关键环节与实战案例》

作者：郑振飞

定价：68.00 元

作者将其 20 余年一线房地产操盘经验进行梳理分类，从战略、战术、管控及案例多个维度对房地产操盘的关键环节和细节进行逐一解读，力求启发营销策划人员思维，拓展他们的营销策划认知理念。

《地产营销力：房地产广告物料的底层逻辑与使用方法》

作者：杨　涛　范世兴

定价：68.00 元

本书通过两个实战案例，呈现了地产广告人赵笑律及其上司肖受历共同建立“销售力物料知识库”的经历，并将赵笑律如何成长为一名实干派优秀营销人进行了全程记录。

两人从实践中摸索出了一套科学有效的房地产广告物料使用方法。该方法能够对区位图、灵魂三问展板、单页、户型单页、名片、价值手卡、可带走物料等的高效使用提供指导，并为整个项目的营销开拓思路。

《房地产中介常见法律问题有问必答》

作者：肖海军

定价：48.00 元

本书以大量居间合同纠纷及房屋买卖合同纠纷所得经验为依据，在解答大量房地产经纪从业人员、房产交易当事人问题的基础上，按照交易流程详细梳理了 300 余个法律问题，每一个问题都源于真实案例——【问题解析】，具有极强的代表性，对所有问题予以详尽的法律分析——【律师解答】，并进一步给出应对的措施和方案——【律师建议】。

《房产纠纷典型案例》

作者：肖海军

定价：48.00 元

本书汇集了房产交易过程中常见的典型纠纷案例，通过法律要点、案情介绍、争议焦点、法院判决、律师解析、关联法条六个板块，将每一个纠纷原原本本地呈现出来，同时，进行适当的延展分析，力求使读者在遇到类似情况时，能够根据法院判决和律师建议选择最为合理的解决方式。

《赢在门店：德佑店东的经营管理实践》

作者：DEYOU 德佑

定价：59.80 元

近年来，德佑体系内涌现出了一批具有实战经验的优秀店东，通过对优秀店东的经营管理实践进行采集、整理，使之成为本书的核心内容。这本书是房地产经纪行业第一本针对店东经营管理实践的专业图书，也是德佑经营管理实践方法、经验的沉淀。

《代建 4.0 王国：绿城管理代建方法论》

作者：袁啸云　陈汉聪

定价：58.00 元

作为中国规模最大的房地产轻资产模式引领企业，绿城管理充分融合绿城 26 年开发体系与 10 余年专注代建实践经验，从政府代建起步，商业代建壮大，到输出行业标准，探索资本代建，再到构建“代建 4.0 王国”，已经形成一个自循环的新商业生态。

本书向读者展示了绿城管理的代建方法论——如何让房地产由重变轻，代建模式在实践中如何持续迭代，以及如何创建“代建 4.0 王国”。

《房地产企业财税实战与风险防范》

作者：詹光远　周文全　汪永华

定价：88.00 元

本书以房地产开发企业项目开发全流程为主线，以项目实例为背景，围绕房地产开发企业的核心业务，对房地产项目开发各阶段涉及的会计处理、税务处理进行讲解，对税会差异、法律风险、税收风险等进行深入分析，同时对做好风险防范的关键点进行归纳和总结，并提供判例，为企业改进财税工作，防范企业运营过程中的财税风险提供了极大的帮助。